W0067556

Pink

Heike Abidi

Endlich 15

PINK • Ein Imprint von Oetinger Taschenbuch

Außerdem von Heike Abidi bei PINK erschienen:

Tatsächlich 13 (Band 1)
Plötzlich 14 (Band 2)

1. Auflage 2016

Originalausgabe
Umschlaggestaltung und © Bildmotiv:
Hauptmann & Kompanie Werbeagentur, München – Zürich
Druck: SIA Livonia Print, Ventspils iela 50, LV-1002, Riga, Latvia
ISBN: 978-3-86430-052-3

www.oetinger-taschenbuch.de

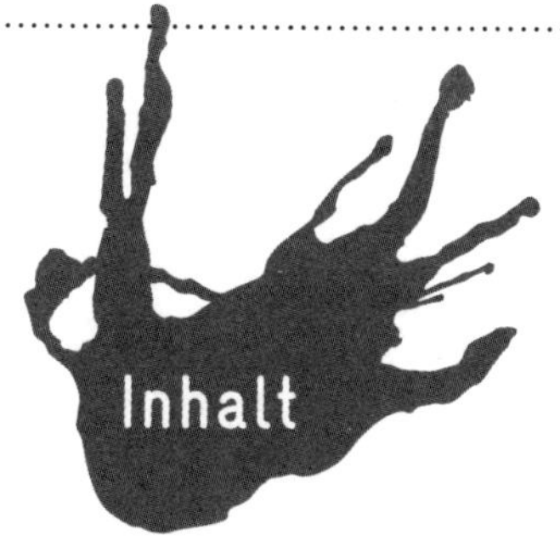

Inhalt

01 Durchhänger

Oder: Fünfzehn sein ist völlig unspektakulär

SCHRILLES GESCHREI reißt mich aus dem Tiefschlaf. Es klingt nach einer Mischung aus kaputten ICE-Bremsen, einer Kreissäge, mehreren Trillerpfeifen und dem nervtötenden Kichern der Chipmunks.

Rabääääää!

Ein Blick auf den Wecker verrät mir, dass es erst halb sechs ist. Kein Wunder, dass ich noch so müde bin! Wie soll ich bei diesem Radau bloß wieder einschlafen? Stöhnend drehe ich mich im Bett um und vergrabe meinen Kopf in den Kissen. Aber leider bin ich noch zu jung, um schwerhörig zu sein.

Genauer gesagt bin ich fünfzehn – seit gestern. Diesmal haben wir bei Jill Geburtstag gefeiert, die am selben Tag geboren ist wie ich. Weil sich unsere Mütter bei der Schwangerschaftsgymnastik kennengelernt haben, sind wir schon unser ganzes Leben lang beste Freundinnen. Inzwischen habe ich mich daran gewöhnt, dass sie mit meinem Bruder Levin zusammen ist. Auch wenn es irgendwie seltsam ist, dass Jill so oft bei uns zu Hause ist, aber nicht mich besucht, sondern meistens im Zimmer des **Badezimmerblockierers** rumhängt. Die zwei führen seit ungefähr einem Jahr eine merkwürdige On-off-Beziehung, und wenn sie sich nicht gerade streiten, benehmen sie sich wie Turteltauben.

Natürlich hat Levin gestern bei den Partyvorbereitungen geholfen. Das war einerseits sehr praktisch, weil er, um Jill zu beeindrucken, alles geschleppt hat, was schwerer war als ein Lampion. Andererseits kam ich mir vor, als sei ich Gast auf meinem eigenen Geburtstag. Früher waren Jill und ich ein echtes **Dreamteam**. Jetzt gibt es sie nur noch im Doppelpack mit meinem Bruder.

»Aber Henriette, du hast doch selbst einen Freund«, hat Jill neulich verständnislos erwidert, als ich ziemlich erfolglos versucht habe, ihr meine Gefühle zu schildern.

Und sie hat ja auch recht. Ich habe seit fast zwei Jahren den süßesten, coolsten, lustigsten, klügsten und nettesten Freund, den man sich nur vorstellen kann: **Nick!** Wenn er mich mit seinen Bernsteinaugen anschaut, mit der Hand seine dunkelblonde Mähne verwuschelt und mich dabei schief anlächelt, macht mein Herz jedes Mal einen kleinen Extrahüpfer. Und seins bestimmt auch. Hoffe ich jedenfalls …

Trotzdem finde ich es schade, dass Jill und ich kaum noch zu zweit unterwegs sind, zumal auch Nick leider viel zu selten Zeit für mich hat. Vielleicht gehört das zum Erwachsenwerden dazu? Würde mich nicht wundern. Denn nach allem, was ich bisher zu diesem Thema recherchiert habe, hat es keinerlei Vorteile, erwachsen zu sein. Im Gegenteil: Es bringt nur jede Menge Stress, Verantwortung, Probleme und Arbeit …

Rabääääää!

Wie aufs Stichwort ertönt wieder die Chipmunks-Kreissägen-Fanfare *aka* Mika. Mika ist vier Monate alt und somit das jüngste Mitglied unserer Familie, zu der außer mir, meinen Eltern, Oma Lydia und meinen beiden Brüdern auch Tessa gehört. Bis zu Mikas Geburt war Tessa das Nesthäkchen, und sie ist irre stolz darauf, nun endlich auch eine **große Schwester** zu sein.

Mika ist ein Phänomen: Er schafft es, die ganze Familie auf Trab zu halten. Und das, obwohl er außer essen, krabbeln, schlafen, brüllen und sich die Windel vollmachen eigentlich noch nichts kann.

Zugegeben, er ist ziemlich süß mit seinen flaumigen Löckchen, seinem zahnlosen Mündchen, seinen winzigen Händchen und Füßchen und seinem rosigen kleinen Gesicht. Aber manchmal stinkt es mir gewaltig, dass sich alles nur um das Baby dreht. Und dass es so verdammt laut ist!

Eine Viertelstunde später gebe ich auf. An Schlaf ist nicht mehr zu denken. Ich bin hellwach. Um kurz vor sechs. Und das an einem Samstag … Was für eine Verschwendung! Eigentlich könnte ich ausschlafen und so lange im Bett bleiben, wie ich mag. Doof nur, dass ich darauf keine Lust habe. Zum Aufstehen allerdings auch nicht.

Klingt unlogisch? Vielleicht. Aber das Leben ist nun mal nicht immer logisch. Vor allem, wenn man ständig genervt ist und nicht weiß, warum. Was übrigens erst recht nervt …

Ich habe echt keine Ahnung, was in letzter Zeit mit mir los ist. Irgendwie finde ich so ziemlich **alles doof**.

Ich angele nach meinem Smartphone. Null neue Nachrichten. Kein Wunder, vermutlich schlafen alle außer mir. Von dem quäkenden Mika einmal abgesehen. Und Paps, der ihn in der Wohnung auf und ab trägt und dabei Schlaflieder singt. Obwohl Paps der schlechteste Sänger der Welt ist, gelingt es ihm tatsächlich, den Schreihals zu beruhigen. Ich würde wetten, dass aus meinem kleinen Bruder später einmal kein Profimusiker wird. Ein perfektes Gehör hat er jedenfalls nicht, sonst würde er jetzt lauter brüllen als je zuvor.

Grimmig starre ich an die Zimmerdecke und denke über mein Leben nach. Warum habe ich mich eigentlich so darauf gefreut, endlich fünfzehn zu werden? Was auch immer ich mir davon erhofft habe, es ist nicht eingetreten. Stattdessen bin ich ziemlich ernüchtert. Und unsicher. Was genau ist man eigentlich mit fünfzehn? Erwachsen jedenfalls noch nicht. Zum Glück. Aber definitiv auch kein Kind mehr – nicht einmal laut Fahrpreistabelle der Deutschen Bahn –, sondern irgendwas dazwischen. **Ein Halbwesen.** Das zwar nicht mehr an den Weihnachtsmann glaubt, aber auch noch keine Rechnungen bezahlen muss. Oder in meinem Fall: eine jugendliche Bloggerin, die zwar voll viele Follower hat, dafür allerdings kein richtiges Konzept mehr.

Als ich mit zwölf mein erstes Blog *Alles, was Mädchen wissen sollten, bevor sie 13 werden – Jette V. berichtet live aus der Pubertät* gestartet habe, wusste ich genau, worüber ich schreiben wollte. Das Team des *ORANGE-Verlags* in Hamburg war davon so begeistert, dass es daraus ein Buch gemacht hat. Es ist letztes Jahr erschienen und verkauft sich so gut, dass ich mir mit achtzehn locker den Führerschein und ein kleines eigenes Auto leisten kann. Wobei ich dann erst einmal meinen Eltern erklären müsste, woher ich das Geld habe, und ihnen gestehen müsste, dass ich Jette V. bin. Bisher kennen nur die Verlagsleute, Nick, Jill, ihre Mutter Elin und natürlich Oma Lydia dieses Geheimnis. Mum und Paps würden durchdrehen, wenn sie wüssten, was ich in meinem Blog – und somit auch in dem dazugehörigen Buch – über sie geschrieben habe! Sehr schmeichelhaft ist das nämlich nicht. Eltern können aber auch wirklich anstrengend sein. Und peinlich. Und unfair. Und …

Rabäääääää!

So viel zu Paps' Gesangskünsten. Ich wette, Mika will eine frische Windel und eine Mahlzeit – kein schief geträllertes Schlaflied.

Und was will ich? Ach, wäre mein Leben doch so unkompliziert wie das eines Säuglings. Der glückliche Mika muss sich keine Gedanken darüber machen, ob sein Blog inhaltlich aus dem Ruder läuft. Denn genau das passiert gerade mit meinem. Letztes Jahr habe ich es umbenannt in *Liebe für Anfänger – Jette V. berichtet live vom schönsten Gefühl der Welt*, und ohne dass ich es geplant hätte, entfernen sich meine Beiträge seither immer mehr von dem, was sie eigentlich sein sollten. Statt informativer Artikel schreibe ich Beziehungstipps. Dabei will ich doch Wissenschaftsjournalistin werden und keine Paarberaterin!

Früher hätte ich mir ein spannendes Thema überlegt, das mich so sehr interessiert, dass ich stundenlang im Internet recherchiert hätte, bis ich alles darüber wüsste. Vielleicht sollte ich mal was über das **Phänomen Langeweile** schreiben. Oder über akute Antriebsschwäche. Aber die Zeiten, in denen ich gebloggt habe, was mir so in den Sinn kam, sind lange vorbei. Inzwischen reagiere ich eigentlich nur noch auf die Liebesfragen, die meine Leserinnen mir mailen. Und immer öfter überkommt mich der Gedanke, mit der ganzen Bloggerei einfach aufzuhören. Aber was würde dann aus meinem Plan, Wissenschaftsjournalistin zu werden?

Schluss mit der Grübelei, Henriette, denke ich und beschließe, ein bisschen zu lesen. Das ist die einzige Aktivität, auf die ich eigentlich immer Lust habe.

Irgendwann höre ich, wie die Badezimmertür geöffnet und geschlossen wird, wenig später rauscht die Dusche. Das ist bestimmt Mum, die sich bereit macht für den Arbeitstag. Ihr Hofladen *Rapunzels Schatztruhe*, in dem sie Obst und Gemüse aus eigenem Bio-Anbau verkauft, hat natürlich auch samstags geöffnet. Paps kümmert sich derweil um Mika, Tessa und den Haushalt – er hat das Erziehungsjahr übernommen und genießt die Auszeit von seinem Job, obwohl er jetzt garantiert mehr zu tun hat als in seinem schnarchigen Amt. Trotzdem blüht er regelrecht auf, seit er dort nicht mehr jeden Morgen hinmuss.

Als Mum im Bad fertig ist, halte ich es nicht länger im Bett aus. Ich kann mich eh nicht richtig auf mein Buch konzentrieren, weil mir immer wieder Gedanken in den Kopf schießen. Diese Grübelei ist ja unerträglich! Ich muss mich unbedingt ablenken, sonst drehe ich noch durch …

Nachdem ich ebenfalls geduscht und angezogen bin, gehe ich zu Paps und Mika in die Küche. Paps steckt in peinlich engen Laufklamotten, Mika in einem Strampelanzug. Ich muss grinsen, weil mir auffällt, wie ähnlich sich die Outfits der beiden bei genauerem Hinsehen doch sind.

»Morgen, meine Große«, begrüßt mich Paps. »So früh auf und so gut drauf? Das lob ich mir.«

Ähm – nein, gar nicht gut drauf. Und nur deshalb so früh auf, weil der Zwerg so ein ohrenbetäubend lautes Organ hat.

Paps schlürft seinen Kaffee und bewegt mit dem Fuß den Kinderwagen hin und her, in dem Mika selig schlummert.

»Wird er davon nicht seekrank?«, frage ich zweifelnd.

»Im Gegenteil – Bewegung beruhigt ihn«, erklärt Paps, womit er zugleich eine elegante Überleitung zu seiner Bitte schafft. »Apropos Bewegung: Ich wollte gleich noch laufen gehen. Kannst du dich für ein Stündchen um Mika kümmern? Er wird wahrscheinlich eh schlafen, also musst du nichts weiter tun, als ihn im Auge zu behalten und ihm im Fall der Fälle den Schnuller zu geben.«

Aha, das hat sich Paps ja prima ausgedacht. Aber warum eigentlich nicht? Schließlich wollte ich ja Ablenkung, und nun habe ich sie.

»Geht klar«, sage ich, während ich mir einen Joghurt aus dem Kühlschrank hole.

»Super. Heute ist nämlich perfektes Laufwetter!«, freut sich Paps und legt sich die Pulsuhr an. Neuerdings beurteilt er die Wetterlage ausschließlich danach, ob sie sich zum Joggen eignet, und außer bei vierzig Grad Hitze oder Orkan läuft er eigentlich immer. Angeblich will er sich seine **Schwangerschaftspfunde** abtrainieren. Witzigerweise hat er nämlich mehr zugenommen als Mum.

Heute hat er aber, was das Wetter betrifft, tatsächlich recht: Es ist windstill, trocken und sonnig. Ein goldener Oktobertag. Da muss man kein Sportfanatiker sein, um nach draußen zu wollen.

»Vielleicht geh ich gleich eine Runde spazieren«, kündige ich an.

»Dann zieh Mika bitte ein Mützchen auf. Und nimm die warme Kinderwagendecke, okay?«

Ach, stimmt ja. Mika muss ich dann auch mitnehmen. Eigentlich wollte ich nur mit Burki eine Runde drehen, aber meinetwegen geh ich auch mit beiden – Hündchen und Brüderchen.

Unser Jack-Russell-Terrier Burkhard spitzt die Ohren. Auf das Zauberwort *spazieren* reagiert er sofort. Er stellt sich zwar meistens taub, wenn man ihm ein Kommando gibt, doch für mich ist das bloß ein Zeichen seiner Intelligenz. Und er ist nicht nur superklug, sondern zugleich ein extrem guter, wenn auch stummer Zuhörer – von seinem gelegentlichen »Wuff, wuff« einmal abgesehen. Wie oft habe ich ihm schon mein Herz ausgeschüttet!

Wie sich herausstellt, ist es ganz schön umständlich, mit Kinderwagen *und* Leine unterwegs zu sein. Irgendwie fehlt mir dazu eine dritte Hand. Deshalb bin ich froh, als wir endlich im Park ankommen, der um diese Uhrzeit noch ziemlich leer ist, und ich Burki losmachen kann. Kaum ist er frei, zischt er im Affentempo auf und davon!

»Hey, wo willst du hin?«, rufe ich ihm hilflos hinterher, doch Burkhard interessiert sich natürlich nicht die Bohne für meine Frage. Weiß der Himmel, was für ein verlockender Duft ihm da in die Nase gestiegen ist. Vielleicht liegt irgendwo ein vergammeltes Käsebrot herum? Oder er hat eine Katze gewittert?

So schnell es mit dem Kinderwagen geht, folge ich dem Ausreißer quer durch den Park.

Ausgerechnet in diesem Moment klingelt mein Handy. Eigentlich will ich nur kurz nachschauen, wer dran ist, und dann später zurückrufen, aber weil Nick der Anrufer ist, gehe ich natürlich ran.

»Hi, Henry, wie gut, dass du schon wach bist«, begrüßt er mich und kommt dann ohne lange Umschweife zum Thema. »Du, wir hatten ja ausgemacht, uns heute Nachmittag zu treffen. Aber gerade ist mir eingefallen, dass wir an einem Fußballturnier teilnehmen, also klappt das wohl nicht.«

Ähm, okay. Na super.

»Kein Problem, dann sehen wir uns eben morgen – oder am Montag in der Schule«, erwidere ich und bin richtig stolz, dass man mir meine Enttäuschung nicht anhört. »Ich wünsch euch viel Erfolg!«

Es gab eine Zeit, da hätte ich jetzt vorgeschlagen, mitzukommen und ihn anzufeuern. Das war, bevor Nick an unserem Jahrestag mit mir Schluss gemacht hat, weil er ein halbes Schuljahr nach Schottland gehen wollte und keine Lust auf eine Fernbeziehung hatte. Und weil ich zu sehr geklammert hatte. Was darauf folgte, waren die schrecklichsten Monate meines Lebens. Erst hatte ich furchtbaren Liebeskummer, dann versuchte ich vergeblich, ihn zu vergessen, schließlich war ich furchtbar eifersüchtig auf Nicks Joggingpartnerin … Doch am Ende wurde alles gut, und wir kamen wieder zusammen. Aber den Fehler, ihn zu sehr zu bedrängen, mache ich kein zweites Mal, deshalb komme ich auch nicht mehr zu Nicks Fußballspielen mit.

»Danke, lieb von dir. Wir sehen uns«, verabschiedet sich Nick.

»Ciao«, antworte ich.

Mika fängt leise an zu quengeln. Das hab ich jetzt davon, dass ich beim Telefonieren stehen geblieben bin. Das Baby mag keinen Stillstand. Schnell schiebe ich ihm den Schnuller in den Mund und nehme die Burki-Verfolgung wieder auf.

Aaaah, dahinten ist er ja. Und zwar nicht alleine, sondern Schnauze an Schnauze mit einem weiteren Hund, beide heftig schwanzwedelnd. Als ich näher komme, registriere ich drei Dinge: Erstens, dass es sich bei Burkis neuer Bekanntschaft um einen Mops handelt – vermutlich um eine Mops*dame*, denn in Anwesenheit des anderen Geschlechts dreht mein verrückter Terrier regelmäßig durch, er ist eben sehr leidenschaftlich. Zweitens, dass die Mopsdame in Begleitung eines Jungen da ist, der etwa mein Alter hat. Und drittens, dass ich den Jungen kenne: Es ist Jacob aus meiner Parallelklasse. Der Jacob, in den ich vor zweieinhalb Jahren ganz unsterblich verknallt war. Heimlich natürlich. An dem Abend, an dem ich mich – ebenso heimlich – wieder entliebt habe, habe ich meinen allerersten Blogbeitrag geschrieben …

»Hallo, Henriette. Ich wusste gar nicht, dass du auch einen Hund hast«, begrüßt er mich strahlend. Typisch Jacob – immer freundlich, immer höflich.

»Jepp«, sage ich. »Und ein Baby.« Kann ja nicht schaden,

ihn ein bisschen aus der Reserve zu locken. Ob er immer noch so nett lächelt, wenn er mich für eine minderjährige Mutter hält?

»Damit kann ich zwar nicht dienen, dafür aber mit jeder Menge Schwestern«, pariert Jacob und blitzt mich aus seinen dunkelblauen Augen an, die ich mit zwölfeinhalb so toll fand. Überhaupt fand ich damals **alles** an ihm süß. Auch das mondförmige Muttermal auf seinem linken Ohrläppchen, seine Sommersprossen und seine blonden Locken mit dem widerspenstigen Wirbel an der rechten Schläfe. Irre, dass ich mich an all diese Details erinnere, dafür aber bis eben nicht das Geringste über seine Familie wusste.

»Ich find's jedenfalls cool, dass du auch so früh unterwegs bist, sonst ist um diese Zeit kaum jemand im Park. Wollen wir die Hunde vielleicht noch ein bisschen miteinander spielen lassen? Danach ist Prinzessin Leia immer so schön ausgepowert.«

Es dauert eine Sekunde, bis mir klar wird, dass er das Mopsmädchen meint, nicht die *Star Wars*-Figur.

»Klar, warum nicht? Burkhard tut das auch gut.«

Wir lehnen uns an einen enorm dicken Baumstamm und beobachten die Hunde, die fröhlich kläffend über die Wiese toben.

»Du wirkst ein bisschen bedrückt. Geht's dir irgendwie nicht gut?«

Krass, dass er das merkt. Seit Wochen bin ich unzufrieden und genervt, fühle mich, als würde ich neben mir stehen – aber bisher ist das keinem aufgefallen. Weil sich zu Hause alles nur um Mika dreht, Nick dauernd keine Zeit für mich hat und meine beste Freundin immer nur mit Levin beschäftigt ist.

»Nee, alles gut«, weiche ich aus.

Jacob bohrt zum Glück nicht weiter nach. Sehr erfreulich, dass er mich nicht bedrängt.

»Was es auch ist: An deiner Stelle würde ich einfach meinem Bauchgefühl folgen«, meint er schließlich.

Na, der ist gut. Wenn das so einfach wäre!

Bauchgefühl

Oder: Seit wann bin ich eigentlich eine Kummerkastentrulla?

DAS WAR'S DANN WOHL mit dem schönen Herbstwetter, denke ich, als ich zwei Wochen später von der Schule nach Hause radele. Es nieselt, stürmt und ist einfach nur fies draußen. Es grenzt fast an ein Wunder, dass ich auf der schmierigen Schicht aus feuchten Blättern, die aus dem Fahrradweg eine Rutschbahn machen, nicht ins Schlittern gerate. Zu Hause stelle ich mein Rad in den Schuppen. **Winterpause.** Ab sofort laufe ich lieber oder nehme den Bus.

Als ich den Hof in Richtung Haustür überquere, entdecke ich Omas orangefarbenen Kombi. Juhu! Ich dachte eigentlich, dass sie erst morgen von ihrem komischen Seminar heimkommt, aber wie es aussieht, hatte sie genug davon und ist früher abgehauen. Ich beschließe, sofort bei ihr reinzuschauen.

Meine Oma ist die tollste Oma der Welt. Denn sie ist nicht nur supercool, sondern ich kann ihr auch alles anvertrauen – selbst das, was ich weder mit Nick noch mit Jill besprechen will. Leider macht sie sich in ein paar Wochen wieder auf und davon, um mehrere Monate mit ihren Alt-Hippie-Freunden auf La Gomera zu verbringen. Sie hasst den Winter, weil im kalten Deutschland ihre Knochen schmerzen und die Bronchien streiken. Natürlich will ich nicht, dass es Oma Lydia schlecht geht. Aber ich will auch nicht, dass sie in den Süden fliegt!

»Hallo, Jette-Kind«, begrüßt Oma Lydia mich fröhlich. »Alles roger in Kambodscha?« Sie verwendet manchmal sehr seltsame, altmodische Ausdrücke.

»Jepp, alles klar«, erwidere ich gut gelaunt. Sobald ich bei Oma bin, steigt meine Stimmung automatisch. »Wie war's beim therapeutischen Kicher-Kung-Fu?«

»Lach-Yoga«, verbessert sie mich grinsend. »Es war ziemlich albern, aber auch herrlich entspannend.«

»Und warum bist du dann schon so früh daheim?«

»Weil ich nachher Besuch bekomme und vorher noch einiges zu erledigen habe«, erklärt Oma Lydia.

Erst jetzt fällt mir auf, dass sie den Inhalt der kleinen Kammer hinter der Küche komplett ausgeräumt hat. Mit dem Ergebnis, dass ihr ohnehin schon mit Buddha-Figuren und knallbunten Kissen wild geschmücktes Wohnzimmer vollkommen chaotisch aussieht. Nun stehen zwischen den Figuren und den Kissen noch Kisten mit Weihnachtsschmuck, ein Surfboard, ein Bügelbrett, ein elektrischer Wok, eine chinesische Wasserpfeife, ein riesiger Koffer und ein Camping-Klappbett.

»Wer besucht dich denn – ein Schrotthändler?«, feixe ich.

»Keine schlechte Idee«, meint Oma Lydia trocken. »Aber eigentlich erwarte ich einen Handwerker.« Sie setzt eine geheimnisvolle Miene auf, und mir ist sofort klar, dass es nicht darum geht, eine undichte Leitung zu reparieren, zusätzliche Steckdosen zu setzen oder ein neues Fenster einsetzen zu lassen. Was hat sie nur vor?

»Du weißt doch, dass ich im Winter immer nach La Gomera fliege«, beginnt sie mit ihrer Erklärung, und sofort sinkt meine Laune.

Na super. Warum muss sie ausgerechnet jetzt davon anfangen? Ich verstehe zwar, dass sie die kalten Monate lieber im Süden verbringt und dass sie das Zusammensein mit ihren Hippie-Freunden genießt, aber für mich sind die Wochen, in denen sie weg ist, die schlimmste Zeit des Jahres.

»Was mir hier am meisten zu schaffen macht, ist die Kälte«, fährt Oma Lydia fort.

Ja, ja, weiß ich doch. Ihre Knochen, ihre Bronchien.

»Deshalb muss ich mir unbedingt eine Sauna einbauen lassen, sonst überstehe ich diesen Winter nicht.«

»Was nützt dir denn die Sauna, wenn du doch auf La Gomera …«

Meine Stimme versagt. Bedeutet das, was sie da eben gesagt hat, etwa wirklich das, was ich gerade denke?

Oma Lydia strahlt mich an. Will sie sich etwa über mich lustig machen? Nein, das würde sie doch nie tun … Oder?

»Eine Sauna?«, echoe ich zaghaft.

»Genau. Damit mir auch im kalten deutschen Winter schön warm wird«, nickt Oma Lydia.

»Aber …«

»Nein, ich fliege dieses Jahr nicht nach La Gomera«, bestätigt sie meine geheime Hoffnung.

Der Wahnsinn! Das ist zu schön, um wahr zu sein … Sollte

die Sache mit den Sternschnuppen und dem Wünschen tatsächlich funktioniert haben?

»Ich werd euch doch mit dem Baby nicht allein lassen«, sagt Oma. »Eva muss arbeiten, und dein Vater schafft das bestimmt nicht ohne meine Hilfe. Kommt gar nicht infrage, dass ich euch im Stich lasse. Na, freust du dich?«

»Und wie!«, rufe ich und falle Oma um den Hals. Für eine halbe Minute fühle ich mich fast so happy wie früher, als ich noch klein war. Elf oder zwölf. Kein bisschen wie ein fünfzehnjähriges Halbwesen, sondern rundum zufrieden.

Das Hochgefühl hält noch mindestens zwei Stunden an. Es macht mir nicht mal etwas aus, dass Paps nichts zu Mittag gekocht hat, sondern uns aufs Abendessen vertröstet. Eine Portion Müsli ist ja auch nicht so übel.

Aber als ich das Müsli anschließend auf meinem Bett liegend verdaue und dabei Burki, der direkt neben mir alle viere von sich streckt, kraule, kommen meine trüben Gedanken und Selbstzweifel zurück wie ein Bumerang.

Warum hat Nick heute schon wieder etwas mit seinen Fußballkumpels vor, statt sich mit mir zu treffen?

Wieso ist Jill wieder mal mit Levin unterwegs?

Was soll nur aus meinem Blog werden?

Ist mein Ziel, Wissenschaftsjournalistin zu werden, wirklich realistisch oder doch eher ein Kleinmädchentraum?

Das, was Jacob neulich im Park zu mir gesagt hat, geht mir einfach nicht aus dem Kopf. **Ich soll auf mein Bauchgefühl hören.** Ganz ehrlich: Ich habe keine Ahnung, was er damit meint. Gibt es einen Unterschied zwischen normalen Gefühlen und dem Bauchgefühl? Ist dieses ominöse Bauchgefühl eigentlich erforscht? Existiert es überhaupt? Oder ist das nur so eine Redensart?

Ich sollte das wirklich herausfinden. Kann doch nicht so schwer sein. Kurz entschlossen fahre ich meinen Laptop hoch und fange an zu recherchieren. Und sofort bin ich wieder ganz in meinem Element: Genauso habe ich mich gefühlt, als ich an meinem ersten Blog gearbeitet habe. So neugierig und vollkommen gefesselt …

Als ich das nächste Mal auf die Uhr schaue, stelle ich verblüfft fest, dass schon zwei Stunden vergangen sind. Ich bin jetzt deutlich klüger und weiß jede Menge über das, was Jacob Bauchgefühl genannt hat und was Wissenschaftler als Intuition bezeichnen. Mit zwölfeinhalb, als ich über das Erwachsenwerden gebloggt habe, um später mal eine berühmte Wissenschaftsjournalistin zu werden, hätte ich jetzt sofort losgelegt und einen Artikel darüber geschrieben. Aber leider bin ich ja inzwischen keine Wissenschaftlerin mehr, sondern die **Hobbypsychologin Jette V.** Dabei ist das doch gar nicht mein Ding!

Wenn ich auf mein Bauchgefühl hören würde, würde ich sofort aufhören mit diesen dämlichen Beziehungstipps.

Hm. Wo ich da jetzt so drüber nachdenke … Ja, warum eigentlich nicht? Ich meine: Das ist **mein** Blog! Damit kann ich machen, was ich will. Es vom Netz nehmen oder es umbenennen – und sofort mit dem Kummerkastenquatsch aufhören. Und vermutlich gehört es zum Erwachsenwerden unvermeidlich dazu, dass man Entscheidungen trifft. Auch wenn sie nicht allen gefallen. Meine Blogleserinnen werden vielleicht enttäuscht sein. Andererseits: Früher hatte ich auch eine Menge Follower, und das ganz ohne Ratgebergeschwafel.

Okay. Ich mach's!

Fünf Minuten später ist der letzte Beitrag auf *Liebe für Anfänger – Jette V. berichtet live vom schönsten Gefühl der Welt* fertig. Ohne lange Erklärungen verkünde ich, dass es hier nicht weitergeht, dafür aber auf meinem neuen Blog: *Was ich wirklich wissen will – Jette V. berichtet über allerhand Spannendes.* Und dass mein erster Artikel dort auch indirekt eine Antwort auf die Frage von Honeybee99 liefern wird, ob sie mit dem Exfreund ihrer BFF ausgehen soll oder ob das tabu ist.

Die neue Seite ist schon kurz darauf online, und bevor es Zeit zum Abendessen ist, veröffentliche ich dort meinen ersten ausführlichen Blogbeitrag, der mir richtig gut gefällt. Und ganz ehrlich: Wenn ich die Einzige bleibe, die ihn toll findet, ist es mir piepegal! Entweder meine Leserinnen akzeptieren das Blog so, wie es ab sofort ist, oder eben nicht. Punkt.

KOPF SAGT ZU BAUCH NEIN?
BAUCH SAGT ZU KOPF: DOCH!

Ihr kennt sicher »Bauch und Kopf«, den Song von Mark Forster, der davon handelt, wie schwer es sein kann, eine Entscheidung zu treffen. Mir geht es manchmal auch so. Neulich bekam ich den Rat, einfach auf mein Bauchgefühl zu hören. Der Satz hat mich nicht losgelassen. Was genau ist damit gemeint? Ich habe mich für euch schlaugemacht …

Wissenschaftler nennen es: Intuition

Entscheidungen treffen, ohne bewusst den Kopf einzuschalten, nennt man Intuition. Ist es also unvernünftig, seinem Bauchgefühl zu folgen?

Nein, überhaupt nicht – Tests beweisen, dass die Intuition oft sogar besser funktioniert als ein Lügendetektor. Wenn zwar alle sachlichen Argumente für eine Sache sprechen, man dabei aber irgendwie ein ungutes Gefühl empfindet, sollte man das auf keinen Fall ignorieren. Denn dann ist garantiert etwas faul!

Bauchentscheidungen sparen Zeit

Jeder Mensch trifft täglich ungefähr 20 000 Entscheidungen. Von »Marmelade oder Käse aufs Brot?« über »rotes oder blaues T-Shirt?« bis hin zu »noch schnell über die gelbe Ampel oder bremsen?« … Nicht auszudenken, wenn man vor jeder einzelnen dieser Entscheidungen erst eine Pro-und-kontra-Liste aufstellen würde!

Oder denken wir nur mal an Spitzensportler (von Schachspielern einmal abgesehen). Ob Messi wohl jemals ein Tor schießen würde, wenn er jedes Mal lange abwägen würde, in welche Ecke er zielen soll? Bestimmt nicht. Er entscheidet lieber intuitiv – und trifft!

Auch das Bauchgefühl basiert auf Fakten

Na gut, denken viele, bei alltäglichen Dingen ist es okay, dem Gefühl zu vertrauen. Aber wie ist das bei wichtigen Fragen? Sollte man da nicht lieber den Verstand einschalten? Informationen einholen? Fakten checken?

Tatsache ist: Auch unsere Bauchentscheidungen beruhen auf dem Wissen und den Erfahrungen, die wir abgespeichert haben – das Unterbewusstsein kann diese Informationen nur schneller verarbeiten als der Verstand. Der Kopf ist dem Bauch also nur scheinbar überlegen. Und wer ausschließlich Sachargumente gelten lässt, aber sein Gefühl ignoriert, wird mit seinen Entscheidungen nie lange zufrieden sein …

Hat der Bauch also immer recht?

Das wäre viel zu einfach. Leider. Natürlich schadet es nie, wichtige Entscheidungen gut zu überdenken. Nur sollte man dabei sein Bauchgefühl berücksichtigen. Und manchmal hilft es ja auch, eine Nacht drüber zu schlafen …

Nachdem ich alles noch einmal durchgelesen habe, atme ich tief durch. Ich bin rundum zufrieden mit meiner Entscheidung, ein neues Blog zu starten. Genauer gesagt: **mit meiner Bauchentscheidung**.

Dass exakt in diesem Moment eine WhatsApp-Nachricht von Nick eingeht, muss ein Zeichen sein.

Hey Henry, hast du am Wochenende Lust auf Kino?
Dann hole ich dich am Samstag um fünf ab, okay?
Kuss, Nick

Wie romantisch! Natürlich denke ich sofort an unser allererstes Date. Kino, Dunkelheit und eine gemeinsame Popcorntüte sind eine tolle Kombination, sag ich nur. Als sich damals – natürlich rein zufällig – unsere Hände berührten, fühlte sich das an wie ein Stromschlag, bloß schöner. **Viel schöner!**

Höchste Zeit, dass wir wieder mal ein richtiges Date haben – mit Herzklopfen und allem, was dazugehört. Natürlich antworte ich ihm sofort:

Lieber Nick, super Idee! Was läuft denn?
Ich freu mich! Hdl, H. <3

Bevor eine Antwort eingeht, ruft Paps zum Essen. Mein Smartphone lasse ich auf dem Schreibtisch liegen – denn was dieses Thema betrifft, versteht Mum noch immer keinen Spaß. Obwohl sie, seit Mika auf der Welt ist und Paps die Familienarbeit übernommen hat, deutlich entspannter geworden ist. Sie hat uns schon lange nicht mehr zum Familienrat verdonnert und korrigiert nicht einmal mehr unsere Grammatiksünden. Neulich hat Tessa »Darf ich raus?« gefragt, und sie hat weder etwas von **Vollverb** gefaselt noch das fehlende **bitte** bemängelt, sondern ihr einfach nur eine warme Mütze aufgesetzt und **viel Spaß** gewünscht.

Auch heute Abend verkneift sie sich einen Kommentar zum Thema fehlende Vitamine: Paps hat Lasagne gemacht, und das völlig ohne Gemüse- oder Salatbeilage. Schmeckt superlecker!

Für eine Gesundheitskostfanatikerin wie Mum grenzt diese Mahlzeit zwar an Fastfood, das sie strikt ablehnt, doch sie runzelt bloß die Stirn. Mir ist klar, dass sie nicht ganz damit einverstanden ist, wie Paps den Haushalt führt (vor allem nicht mit dem, was er auf den Tisch bringt), aber dafür ist er dieses Jahr nun mal alleine zuständig. Sie kann sich ja nicht um alles kümmern – und das erwähnt sie mehr als einmal …

Paps tut so, als würde er ihr Geschnaube und Stirngerunzel nicht bemerken, was vermutlich die klügste aller möglichen Taktiken ist.

Während ich mir die Lasagne schmecken lasse, betrachte ich meine Familie, als sähe ich sie zum ersten Mal. Wir sind schon irgendwie ein verrückter Haufen: Paps, der während der Schwangerschaft mehr zugenommen hat als Mum; Levin, der heimlich unter dem Tisch per Handy mit Jill chattet (wahrscheinlich hatten sie mal wieder Streit, und er bettelt um Versöhnung); Mika, der es schafft, ausgerechnet jetzt aufzuwachen und mit seinem Gebrüll jegliches Tischgespräch unmöglich zu machen; Tessa, die gerade etwas erzählen wollte und nicht zum ersten Mal feststellen muss, dass es gar nicht sooo spannend ist, nicht mehr die Kleinste zu sein; und mittendrin: ich. Henriette alias Henry alias Jette V.

Schülerin, Bloggerin, Alles-wissen-Wollerin. Aber leider ziemlich oft auch verwirrt, verpeilt, verstimmt. Und das Schlimmste ist: Niemandem fällt auf, dass etwas mit mir nicht stimmt, denn alles dreht sich nur noch um das Baby!

Aber das ist vielleicht auch besser so. Mum würde, wenn ihr mein Zustand auffiele, höchstens ein superpeinliches Frauengespräch mit mir führen wollen. Und dass sich Paps in das Seelenleben einer Fünfzehnjährigen hineinversetzen kann, darf nun wirklich bezweifelt werden.

Zum Glück gibt es noch Oma Lydia. Und zum Glück bleibt sie diesen Winter hier! Das war wirklich die beste Neuigkeit des Tages! Und die zweitbeste war Nicks Kinoeinladung …

Zurück in meinem Zimmer, versetzt mir seine Antwort auf meine Nachricht allerdings einen kleinen Dämpfer:

Hey Henry, ich dachte an »Tarzan«.
Oder lieber »Star Trek Beyond«? Kuss, Nick

Na super. Was für eine bescheuerte Auswahl: Das sind beides Actionfilme, und ich kann Actionfilme nicht leiden. Ausnahmslos. Was Nick ganz genau weiß!

Wobei: Mir geht es ja gar nicht um den Film, sondern darum, mit Nick zusammen zu sein. Ich will Händchen halten, kuscheln, mit ihm aus einer Popcorntüte naschen und die Schmetterlinge im Bauch gehörig aufscheuchen. **Endlich mal wieder.**

Popcorn-Romantik

Oder: Händchenhalten gilt als Menschenrecht! Bei mir jedenfalls ...

ICH KÖNNTE HEULEN! Nicht nur, dass der Film, in den Nick mich geschleppt hat, noch schlimmer war als erwartet, ich fand es auch kein bisschen romantisch im Kino. Trotz Dunkelheit, Enge und Popcorn.

Okay, Nick hat mich zur Begrüßung geküsst und zum Abschied dann noch mal, aber das war's auch schon. Und besonders erwähnenswert waren diese beiden Küsse auch nicht gerade – eigentlich waren es eher **Küsschen**, die gar nicht richtig den Mund getroffen haben. Eher die Wange. Halb Wange, halb Luft. Im Grunde nicht viel mehr als eine angedeutete Umarmung mit Kopfannäherung und leichtem Hautkontakt. Mit anderen Worten: eine Riesenenttäuschung!

Nicht einmal beim Popcorn-Essen hat es gefunkt. Wie auch? Nick hat zwei kleine Tüten gekauft statt einer großen, aus der wir gemeinsam hätten futtern können. Mit der dämlichsten Begründung der Welt: weil er lieber salziges Popcorn mag und ich lieber süßes. Tsss. Als ob es darauf ankäme! Also, ich hätte ihm zuliebe sogar welches mit **Tabasco und Käsefußgeschmack** gegessen. Das ist wahre Liebe! Jungs dagegen sind manchmal so … so unromantisch.

Ich weiß auch nicht, was mit Nick und mir los ist. Wo sind bloß die Schmetterlinge hin? Und der ganze Zauber? Ist der mit der Zeit einfach verpufft? So wie der Puffmais, wie Oma Lydia das Popcorn nennt.

Spontan beschließe ich, zur besten Oma des Universums rüberzugehen, um mir eine Portion Trost abzuholen. Und eine Tasse heiße Schokolade mit Sahne.

»Das hilft gegen kalte Füße, triefende Nasen und akutes Gefühlschaos«, sagt sie und stellt mir außerdem noch einen Teller Vanillekipferl hin. »Wenn ich schon mal den Winter in Deutschland verbringe, dann versüße ich ihn mir mit allen guten Sachen, die dazugehören«, kommentiert sie die leckeren Kalorienbomben und steckt sich ein Plätzchen in den Mund.

Ich lächele verzagt und trinke meine Schokolade.

»Nun spuck's schon aus, Henriettchen. Was ist los mit dir? Streit mit Jill? Ärger in der Schule? Krise mit Nick?«

Ich greife nach einem Kipferl, um die Antwort ein bisschen hinauszuzögern. Mit vollem Mund spricht man schließlich nicht. Und ich weiß auch gar nicht so recht, was ich sagen soll.

»Nichts davon«, behaupte ich schließlich, und das stimmt ja eigentlich auch. Warum habe ich dann bloß das dumpfe Gefühl, zu schwindeln?

»Aaaaber?« Oma Lydia lässt nicht locker.

»Ach, nur so. Nick ist halt manchmal ein Trottel. Und ein Stoffel.«

»Er ist nun mal ein Junge. Aber doch ein netter, oder?«

»Der Netteste!«

»Aber **nett** ist dir nicht genug?«

»Er findet Händchenhalten albern«, platzt es aus mir heraus. »Neulich hat er gemeint, er wäre doch kein Kuscheltier und auch kein Kindergartenkind mehr.«

Oma prustet laut los. Zum Glück hatte sie gerade keine Plätzchen und keinen Kakao im Mund!

»Was ist denn das für ein haarsträubender Unsinn?«, japst sie, als sie sich einigermaßen beruhigt hat, und wischt sich die Lachtränen von den Wangen.

Ich bin ein klein bisschen eingeschnappt. »Also, echt – ich weiß nicht, was daran so witzig sein soll.«

»Natürlich tust du das«, widerspricht Oma. »Zärtlichkeiten sind alles andere als albern, das weißt du doch genau. Wer so was behauptet, ist leider schlecht informiert.«

»Tja. Dann irrt sich Nick wohl. Aber was bringt mir das?«

Sofort wird Oma ernst. »Du hast Liebeskummer?«

»Hab ich gar nicht!«

Wie käme ich dazu? Wir haben uns weder gestritten, noch habe ich Grund zur Eifersucht. Alles ist bestens zwischen Nick und mir! Abgesehen von dieser Sache mit dem kleinen, na ja, **Romantikdefizit**. »Ich bin echt froh, dass ich keine Beziehungstipps mehr gebe – dabei käme ich mir vor wie eine Hochstaplerin«, seufze ich.

Irgendwie fühle ich mich mega-erleichtert, nachdem ich Oma gestanden habe, dass zwischen Nick und mir nicht alles so ganz perfekt läuft.

»Was heißt das – du schreibst keine Beziehungstipps

mehr?«, fragt Oma entgeistert. »Sag bloß, du hörst auf zu bloggen?«

»Nein, nein«, beruhige ich sie. »Ich bin nur mal wieder umgezogen. Mein neues Blog heißt *Was ich wirklich wissen will – Jette V. berichtet über allerhand Spannendes.*«

»Ist ja ein Ding. Coole Sache. Und was sagen deine Leserinnen dazu?«

Zielsicher hat Oma den Finger auf die Wunde gelegt. Ich verziehe das Gesicht. »Na ja, einige waren schon sehr enttäuscht«, sage ich. »Aber mindestens die Hälfte gibt dem neuen Blog zumindest eine Chance. Und einige von meinen ersten Followern freuen sich sogar, dass es wieder informativer wird. Mein erster Beitrag handelt übrigens von Bauchgefühl und Intuition.«

»Hui, klingt wirklich interessant. Da schau ich später gleich mal rein«, sagt Oma und steht auf. Vermutlich, um ihr Tablet zu holen. Doch dann kommt sie stattdessen mit einem Fotoalbum wieder.

»Das hier sind Lolo und Ernie, zwei meiner ältesten Freunde aus La Gomera«, sagt sie und deutet auf ein Bild.

Zuerst will ich gar nicht so genau hinschauen, weil ich auf das Stichwort La Gomera **hochgradig allergisch** reagiere. Aber dann sehe ich doch hin und bin sofort fasziniert: Das Foto zeigt ein Pärchen, das Hand in Hand auf einer Bank im Gebirge sitzt und sich unheimlich zärtlich anschaut. Das Erstaunliche daran ist, dass die beiden nicht fünfzehn oder fünfundzwanzig sind, sondern locker fünfundsiebzig! Ihre Gesichter sind total runzelig und die Haare schneeweiß, doch die Augen strahlen wie die von zwei Frischverliebten!

»Süß«, sage ich. »Seit wann sind Lolo und Ernie denn zusammen?«

»Seit ziemlich genau fünfzig Jahren.«

Wow! Fünfzig Jahre, das ist ja ein halbes Jahrhundert. Selbst wenn ich dreimal so alt wäre wie jetzt, wäre ich noch keine fünfzig, sondern käme gerade mal auf fünfundvierzig. Ich bin schwer beeindruckt. Aber nicht nur wegen ihres Alters und der langen Dauer ihrer Beziehung, sondern weil sie sich anhimmeln, als hätten sie sich gerade erst kennengelernt …

»Von wegen, Händchenhalten ist kindisch«, schnaube ich.

»Kindisch ist höchstens derjenige, der das glaubt«, findet Oma. »Zärtlichkeit ist etwas Wunderbares.«

Ich sollte darüber bloggen, denke ich. Und dann kommt mir gleich noch eine Idee: »Darf ich das Foto verwenden?«

»Du willst es veröffentlichen?« Oma versteht mich mal wieder ohne lange Erklärung und verspricht: »Moment, das kläre ich sofort.«

Fünf Minuten und drei WhatsApp-Nachrichten später ist alles geregelt. Lolo und Ernie lassen schön grüßen und freuen sich, dass ihre Liebe bald einen Blogbeitrag illustrieren wird. Ich fotografiere das Bild mit meinem Smartphone und formuliere in Gedanken schon die Überschrift meines Artikels …

Doch bevor ich losschreiben kann, muss ich noch ein bisschen recherchieren – am besten mache ich mich gleich aus dem Staub. Da passt es perfekt, dass Oma sowieso gerade Besuch bekommt. Es ist Gunnar, der Handwerker, der die Sauna einbauen soll. Oma scheint ihn schon länger zu kennen, die beiden unterhalten sich zumindest wie gute Freunde. Vielleicht ist er ein alter Bekannter?

»Danke für den Kakao«, sage ich und gebe ihr einen Schmatzer auf die Wange.

Während ich die Treppe zum Hof hinunterstürme, überlege ich mir schon, nach welchen Stichworten ich gleich googeln will. Seit ich mit *Was ich wirklich wissen will – Jette V. berichtet über allerhand Spannendes* angefangen habe, macht mir das Bloggen wieder richtig viel Spaß! Offenbar war es allerhöchste Zeit für diese Entscheidung …

Am Ende meiner Recherche habe ich fast zehn Seiten Material gesammelt! Ich überfliege alles dreimal, dann lege ich die Ausdrucke zur Seite und schreibe drauflos:

EIN HOCH AUFS HÄNDCHENHALTEN

Mütter tun es, wenn sie zusammen mit ihren Kindern eine Straße überqueren. Politiker tun es bei historisch bedeutsamen Begegnungen. Castingshow-Kandidaten tun es, bevor verkündet wird, wer rausfliegt. Aber vor allem tun es Verliebte! Ich rede natürlich vom Händchenhalten.

Also, ich finde Händchenhalten toll! Doch was sagt die Wissenschaft dazu?

Öffentlichkeitstaugliche Liebesbekundung

Verliebte drücken ihre Gefühle durch Blicke, Körperhaltung, Kosenamen und Zärtlichkeiten aus. Von allen körperlichen Intimitäten ist das Händchenhalten zwar am harmlosesten, aber zugleich zeigt es nach außen hin deutlich: Schaut her, wir sind ein Paar.

Wissenschaftler können an der Art, wie die Hände ineinander verschränkt sind, sogar erkennen, wer in der jeweiligen Beziehung dominiert.

Jemandem die Hand reichen ist wie eine Frage. Sie dann nicht wegziehen ist die positive Antwort darauf. Es ist die erste körperliche Annäherung zweier Menschen, die sich ineinander verlieben. Händchenhalten zeigt: Wir gehören zusammen. Es macht aus zwei einzelnen Menschen eine Einheit.

Eine Frage von Zeit und Ort

Übrigens galt öffentliches Händchenhalten und Küssen noch vor ein paar Jahrzehnten als unanständig. Heutzutage ist es zum Glück völlig normal, jedenfalls bei uns. In ostasiatischen Kulturen gilt es weiterhin als ziemlich intim. Andererseits gibt es sogar Kulturen, in denen diese Art von körperlicher Nähe auch unter Freunden üblich ist. Wenn man zum Beispiel in Indien oder Nepal zwei Männer Händchen halten sieht, heißt das noch lange nicht, dass sie ein Paar sind.

Ein Menschenrecht!

Schon kleine Kinder zeigen ihre Zuneigung, indem sie nach einer Hand greifen. Und wie dieses Foto beweist, ist man für Liebe und Zärtlichkeit niemals zu alt. Händchenhalten ist eine Geste, die einfach nur schön ist. Je öfter man Händchen hält, desto stabiler die Beziehung, davon bin ich überzeugt. Ich finde, es sollte ein Menschenrecht sein! Wer ist dafür?

Mir qualmt der Schädel, als ich endlich fertig bin und den Artikel online stelle. Ich glaube, ich brauche unbedingt frische Luft!

»Burki, hast du Lust auf eine Runde im Park?«

»Wuff«, antwortet der Vierbeiner, der bis vor einer Sekunde noch so getan hat, als würde er schlafen. Da sieht man mal wieder, was Hunde für begabte Schauspieler sind!

Eigentlich will ich im Park mit Burkhard Bällchen spielen, aber dann ruft Jill an, und wir verquatschen uns total, sodass ich gar keine Zeit für ihn habe.

»Morgen aber«, vertröste ich ihn. Er verdreht die Augen, als wollte er sagen: **Wer's glaubt, wird selig, Zweibeinerin Henriette!** Ich muss laut lachen, weil er so drollig guckt. Und weil ich von Gesprächen mit Jill fast immer bessere Laune kriege!

Nachdem wir aufgelegt haben, denke ich noch eine ganze Weile darüber nach, was Jill mir gerade über Levin erzählt hat. Ich bin nämlich ganz unauffällig auf das Thema Romantik zu sprechen gekommen. Dabei ist rausgekommen, dass mein Bruder ein leidenschaftlicher Händchenhalter zu sein scheint. Wenn der Badezimmerblockierer darauf steht, warum findet es Nick dann albern? Wie das wohl meine Blogleserinnen sehen? Ich schaue nach, ob schon Kommentare eingegangen sind. Und tatsächlich – einer. Ausgerechnet von einer alten Bekannten, die ich in gar nicht so guter Erinnerung habe: PrincessX.

Einige ihrer Kommentare zu meinen Beziehungstipps auf *Liebe für Anfänger – Jette V. berichtet live vom schönsten Gefühl der Welt* fand ich damals extrem zickig. Wobei ich im Rückblick ehrlicherweise gestehen muss, dass sie vielleicht nicht immer so ganz unrecht hatte. Jedenfalls war ich froh, als sie sich irgendwann nicht mehr zu Wort gemeldet hat. Ich hätte echt nicht gedacht, dass sie mein Blog überhaupt noch verfolgt! Nun scheint sie mir sogar zu *Was ich wirklich wissen will – Jette V. berichtet über allerhand Spannendes* gefolgt zu sein. Mit einem etwas unguten Gefühl in der Magengegend fange ich an zu lesen, was PrincessX gepostet hat:

Als vor einigen Wochen meine Oma gestorben ist, hat meine Mutter ihr die ganze Zeit die Hand gehalten, bis sie friedlich eingeschlafen ist. Die Hand zu halten ist das Letzte, was man für einen Menschen tun kann. Das wollte ich nur noch ergänzen. Übrigens finde ich dein neues Blog richtig toll. Weiter so!

Jetzt bin ich ein bisschen sprachlos. Und ohne zu wissen, wer sich hinter PrincessX verbirgt, oder gar ihre Oma gekannt zu haben, steigen mir Tränen in die Augen. Allein die Vorstellung, Oma Lydia könnte sterben, macht mich megatraurig! Schnell an was anderes denken!

Da fliegt meine Zimmertür auf, und ein Wirbelwind stürmt herein. »Henry, kannst du mir bei Sachkunde helfen? Ich muss Blätter sammeln und einkleben, das hab ich total vergessen, und morgen muss ich schon fertig sein. Hilfst du mir? Bitte, bitte, du weltbeste große Schwester?«

Und da ist sie schon, die gewünschte Ablenkung!

»Na gut«, sage ich. »Aber dafür übernimmst du nachher für mich das Tischdecken, okay?«

»Heute ist doch Levin dran!«, grinst Tessa, die sehr zufrieden zu sein scheint, dass sie mal wieder bekommt, was sie will.

»Na, dann los«, sage ich und nehme sie bei der Hand. Einfach so.

Projekt X

Oder: Alles, was mir fehlt, ist ein Geistesblitz

»KOMM, LASS DICH MAL UMARMEN!«, sagt Jill am Montag vor der Schule und fällt mir um den Hals. Einfach so.

Ich bin einigermaßen verwirrt. Meine beste Freundin ist zwar ein ziemlich wechselhafter Typ – vor allem was ihre Berufswünsche und ihren Beziehungsstatus mit Levin betrifft, der permanent zwischen **es ist himmlisch** und **es ist kompliziert** schwankt –, aber solche Überfälle bin ich von ihr echt nicht gewohnt.

»Tut gut, was?«, flötet sie, nachdem ich ihrer Umklammerung endlich entkommen bin.

Ja, genau – es tut sehr gut, endlich wieder durchatmen zu können. Aber das meint Jill garantiert nicht. Worauf will sie hinaus? Irgendwie kommen mir ihre Umarmung und ihr Gesäusel verdächtig vor. Als sie dann auch noch nach meiner Hand greift und sie fest drückt, schwant mir, was los ist.

»Du warst auf meinem Blog«, stelle ich fest.

Jill schaut mich so mitleidsvoll an, dass ich laut lachen muss. Wahrscheinlich hat sie das, was ich bei unserem Telefonat zum Thema Romantik gefragt habe, in den falschen Hals bekommen.

»Sooo schlimm kann dein Liebeskummer also nicht sein«, stellt sie leicht verschnupft fest.

»Hab ich auch nie behauptet.«

Aber natürlich lässt sie nicht eher locker, bis ich ihr mein Herz ausschütte. »Nick hat so selten Zeit für mich, und wenn, dann behandelt er mich, als wäre ich einer seiner Kumpel«, seufze ich. »Wenn er doch nur ein bisschen romantischer wäre!« Natürlich erzähle ich ihr auch die Sache mit dem missglückten Kinobesuch.

»Zwei Popcorntüten, weil ihr unterschiedliche Sorten mögt? Was für ein Hirni!«, lautet Jills vernichtendes Urteil.

»Er hat es doch nur gut gemeint«, verteidige ich Nick, dem ich inzwischen schon gar nicht mehr böse bin. »Ich mag süßes Popcorn tatsächlich viel lieber – und er steht auf salziges.«

»Tsss. Ich würde auch welches mit **Ohrenschmalz-Aroma** essen, wenn ich dabei mit meinem Boyfriend kuscheln könnte«, widerspricht sie gnadenlos.

Und weil das fast exakt dasselbe ist, was ich selbst darüber gedacht habe, weiß ich gar nicht so recht, was ich sagen soll.

»Sicher, dass du ihn noch liebst?«, verhört mich Jill, während wir über den Schulhof in Richtung Eingang marschieren.

»Aber natürlich!«, erwidere ich voller Empörung darüber, dass sie überhaupt daran zweifelt.

»Und er dich auch?«

»Na logisch!«

Jill schnaubt nur und schweigt, bis wir im Gebäude sind.

»Und was, wenn er eine andere hat?«, raunt sie mir schließlich zu.

Verblüfft bleibe ich stehen und verursache damit um ein Haar eine Massenkarambolage. Dann zerre ich Jill in eine ruhigere Ecke und versperre ihr den Weg.

»Was ist denn das für eine bekloppte Idee?«, blaffe ich sie an. Oder weiß Jill etwas, was ich nicht weiß? Nein, das kann nicht sein. Hilfe, sie infiziert mich schon mit ihren verrückten Gedanken …

»Jetzt krieg dich mal wieder ein«, verteidigt sie sich. »Ich meine es doch nur gut mit dir. Was auch immer meine Ermittlungen ergeben werden: Ich bin auf deiner Seite, das steht fest!«

Was denn für Ermittlungen?

»Und selbst wenn sich mein Verdacht bestätigt, solltest du dich freuen, denn dann hast du immerhin Klarheit«, plappert Jill weiter.

»Kann es sein, dass du Fieber hast?«, falle ich ihr ins Wort und fühle prüfend die Temperatur ihrer Stirn. Die spinnt ja wohl! Ich bin stinksauer, dass sie Nick so etwas zutraut.

Doch Jill lässt sich nicht provozieren, sondern verkündet feierlich, dass sie wild entschlossen ist, später mal Detektivin zu werden. Und als meine beste Freundin erklärt sie sich bereit, Nick vollkommen gratis zu beschatten. Okay, sie meint es gut, aber trotzdem ist sie auf dem Holzweg.

»Du hast ja selber einen Schatten«, wehre ich entgeistert ab. »Nick bespitzeln? Kommt ja überhaupt nicht infrage!«

Typisch Jill. Sie wechselt ihre Berufswünsche im Durchschnitt alle zwei Wochen, und ich wette, nicht einmal sie selbst würde eine komplette Liste aller bisherigen Ideen zusammenbekommen. Von Architektin über Flugbegleiterin bis hin zu Psychologin war schon alles Mögliche dabei. Und nun wohl auch Detektivin, öfter mal was Neues. Dagegen habe ich ja auch gar nichts – dagegen, dass sie mich als Versuchskaninchen benutzen will, allerdings sehr wohl.

Jill gibt so schnell nicht auf. »Aber dann hättest du wenigstens Gewissheit!«, bettelt sie.

»Denk nicht mal dran«, sage ich überdeutlich und beende das Thema. »Bio fängt gleich an – und ich habe keine Lust, einen Eintrag ins Klassenbuch zu kriegen, nur weil wir zu spät kommen.«

Und mit diesen Worten marschiere ich davon.

Natürlich kann ich mich kein bisschen auf Bio konzentrieren. Jills dämlicher Verdacht geht mir nicht aus dem Kopf. Die spinnt doch! Ich kann bloß hoffen, dass sie ihren Berufswunsch bald wieder wechselt. Statt Detektivin könnte sie doch Modedesignerin werden oder Bäckerin oder Geigenbauerin oder **egal, was!**

Was mich aber am meisten aufregt, ist, dass sich in meinem Hinterkopf leise Zweifel eingenistet haben. Ich denke wieder an meine blöde Eifersucht im letzten Jahr, als Nick in Schottland war und mit einer gewissen Amy joggen gegangen ist. Damals habe ich richtig gelitten bei dem Gedanken, Nick könnte in diese Amy verliebt sein. Aber damals wäre das ja theoretisch auch möglich gewesen – immerhin waren Nick und ich in der Zeit vorübergehend getrennt. Inzwischen ist die Situation eine völlig andere, schließlich sind wir jetzt wieder zusammen. Und wir vertrauen einander.

Doch was, wenn Nick mich deshalb nicht mehr so oft küsst und kein Interesse an Händchenhalten oder gemeinsamen Popcorntüten hat, weil er insgeheim ein anderes Mädchen liebt? Vielleicht hat er deshalb auch so selten Zeit für mich? Finden wirklich so oft Fußballturniere statt, oder sind einige davon reine Erfindung?

Ich hasse es, dass diese Gedanken durch meinen Kopf geistern! Ich hasse es wirklich.

Mein Blick wandert rüber zu Nick. Er ist heute zu spät gekommen – übrigens ohne dafür einen Eintrag ins Klassenbuch zu erhalten, denn unsere Biolehrerin kann ihm und seinem **Zauberlächeln** einfach nicht böse sein. Wir haben einander vorhin quer durch den Klassenraum zugezwinkert, aber gesprochen haben wir natürlich noch nicht miteinander.

Während wir vom Biosaal zum Klassenzimmer gehen, begrüßt er mich mit einem Schmatzer auf die Wange, wird dann aber sofort von Jonas angequatscht und lässt sich in ein tiefschürfendes Gespräch über irgendein Computerspiel verwickeln.

»**Glitzerrache**«, flüstert Jill mir ins Ohr und blinzelt mir bedeutungsvoll zu.

Schon zum zweiten Mal am heutigen Tag kapiere ich nicht, wovon sie redet.

Jill zeigt mir auf dem Smartphone die Website einer Firma, die Umschläge voller Glitter verschickt – anonym natürlich. »Für ein paar Euro kannst du sie beauftragen, ihn damit zu beglücken«, kichert Jill. »Wenn er den Umschlag aufreißt –

und welcher Junge macht das schon ordentlich mit dem Brieföffner? –, dann fliegt ihm das Zeug um die Ohren! Es wird Tage, nein **Wochen** dauern, bis sein Zimmer, seine Klamotten, seine Haare und Ohren komplett glitterfrei sind. Die perfekte Rache!«

Gegen meinen Willen muss ich lachen. »Das ist ja noch fieser als die Sache mit dem Veilchenduft damals.«

Es ist schon fast zwei Jahre her, dass Jill und Levin zum ersten Mal für ganz kurze Zeit zusammen waren. Als er sie gleich nach dem allerersten Date abblitzen ließ, habe ich meine Freundin gerächt, indem ich den kompletten Inhalt seines Kleiderschranks mit diesem schrecklichen Altfrauenparfüm besprüht habe. Mann, hat der getobt! Zum Glück konnte er mir diese Tat nie nachweisen …

»Krass, oder? Also, was ist jetzt – probierst du es aus? Oder erst die Beschattung, dann die Glitzerrache?«

Ich stöhne. »Weder noch. Es gibt überhaupt keinen Grund für irgendeine Racheaktion. Und du wirst Nick auch nicht beschatten, sonst bin ich stinksauer.« In Wahrheit ist meine Wut von vorhin jedoch schon längst verraucht. Stattdessen macht sich ein ziemlich unangenehmer Gedanke in meinem Hinterkopf breit: Was, wenn Jill mit ihrem Verdacht recht hat?

»Hey, Henry«, ruft in diesem Moment eine wohlvertraute Stimme. Nick schließt wieder zu uns auf und hakt sich bei mir unter. »Heute Nachmittag eröffnet die Eisbahn. Wollen wir hingehen?«

»Super Idee!«, erwidere ich und umarme ihn spontan. Eislaufen ist ja so romantisch – bestimmt wird es auf der Eisbahn zwischen Nick und mir endlich wieder wie früher!

Jill verdreht die Augen, und ich strecke ihr zum Spaß die Zunge raus. Soll sie sich doch ein anderes Opfer für ihren Ermittlungsquatsch suchen …

In der Pause scharen sich alle um das Schwarze Brett. Was gibt's denn da so Interessantes zu lesen?

»Toll, ein Forschungsprojekt!«, sagt jemand neben mir. Es ist Jacob. Klar, dass ihn so was begeistert. Schließlich ist er der Klassenbeste in Physik und Chemie. Bestimmt wird er mal Nobelpreisträger oder so. Neuerdings trägt er sogar eine schwarze Nerd-Brille, aber er sieht trotzdem sehr nett aus. Und eigentlich mag ich es ja auch, wenn jemand ein bisschen nerdig wirkt. Schließlich träume ich selbst davon, Wissenschaftsjournalistin zu werden, und das ist auch relativ geeky.

»Machst du da mit?«, frage ich ihn überflüssigerweise.

»Klar, du auch?«

Ich zucke mit den Schultern. »Na ja, weiß nicht so recht.«

Was soll ich schon untersuchen? Ich schreibe supergern über Wissenschaftliches, forsche aber nicht selbst. Mit Grauen erinnere ich mich an meine einstigen Selbstversuche. Zum Beispiel, als ich einmal die Wirkung von Duftstoffen auf das andere Geschlecht testen wollte und mich zu diesem Zweck mit **Baldrian** eingerieben habe – worauf allerdings nur Kater begeistert reagieren, während alle Zweibeiner angewiderte Grimassen gezogen haben.

»Schau mal, das wäre doch was für dich!«, mischt sich Jill ein und deutet auf ein weiteres Plakat. »Ein Schreibwettbewerb. Das ist doch absolut dein Ding!«

Tatsächlich! Bei diesem zweiten Wettbewerb geht es um

selbst verfasste Sachtexte und Reportagen. Also genau solche Texte, wie ich sie auch für mein Blog schreibe. Die perfekte Aufgabe für eine künftige Wissenschaftsjournalistin!

Auf einmal bin ich ganz aufgeregt. Mein Interesse und mein Ehrgeiz sind geweckt. Aber über welches Thema soll ich bloß schreiben?

Die Sache mit dem Bauchgefühl habe ich neulich erst abgehandelt, das Händchenhalten ebenso. Und sonst gibt es eigentlich nichts, was mich akut wahnsinnig fasziniert. Andererseits steckt das ganze Leben voller Fragen, denen ich mich widmen könnte. Es wäre doch gelacht, wenn mir nichts einfiele. Im Geiste mache ich mir eine Liste potenzieller Themen:

Warum plärren Babys so quietschig?

Nein, die Antwort ist zu einfach. Damit man sie hört natürlich – leider auch nachts. Mir geht das zurzeit gewaltig auf den Keks, aber für das Überleben der Menschheit ist dieser Effekt natürlich extrem wichtig. Nicht einmal die schlechteste Mutter der Welt würde vergessen, ihr Kind zu füttern, und selig weiterschlummern, wenn es seine Sirene aufdreht …

Wieso mag ich meine beste Freundin, obwohl sie eindeutig spinnt – jedenfalls hin und wieder?

Das gibt auch nicht genug Stoff für eine wissenschaftliche Abhandlung her, das reicht höchstens für eine halbe Seite Text. Denn auch diese Antwort liegt auf der Hand: eben weil sie meine beste Freundin ist! Manchmal nervt mich zwar, was sie sagt oder tut, aber das ändert nichts an der Tatsache, dass ich mir ein Leben ohne Jill nicht vorstellen kann. Punkt. Da muss ich wohl weiterüberlegen. Wie wäre es mit:

<u>Weshalb bin ich in letzter Zeit so oft niedergeschlagen?</u>
Na ja, das ist vielleicht doch etwas zu privat für so einen Schreibwettbewerb. Außerdem liegt das vermutlich mal wieder an der blöden Pubertät. Wann bin ich damit endlich durch? Stopp, Henriette! Daran will ich lieber nicht denken. Denn wenn die Pubertät vorbei ist, bin ich endgültig erwachsen, mit allen Risiken und Nebenwirkungen: Sorgen, Verantwortung, Rechnungen, Steuernachzahlungen, Verpflichtungen, Stress, Burn-out. Da bleibe ich lieber noch eine Weile in der Pubertät und schlage mich mit Stimmungsschwankungen und Mitessern herum! Zumal ein Teil dieser Stimmungsschwankungen ja nicht von einem Hormonüberschuss, sondern von einem Romantikdefizit verursacht wird ...
<u>Wie entstehen eigentlich gute Ideen?</u>
Das wäre schon eher etwas für mein **Projekt X**. Und wenn ich die Antwort darauf wüsste, dann müsste ich auch nicht so ewig nach einem geeigneten Thema für den Wettbewerb suchen, sondern hätte längst eins. Andererseits hätte sich die Frage in dem Moment von selbst beantwortet ... **Verflixt!**

»Dir wird schon was einfallen«, meint Jill, die mir offenbar angesehen hat, dass ich sofort losgegrübelt habe.

»Ja, du solltest unbedingt teilnehmen«, findet auch Jacob. »Erster Preis: ein Praktikum im *ORANGE-Verlag*«, liest er laut vor.

Ich glaub, ich höre nicht recht. Aber es steht dort tatsächlich: Die Ausschreibung kommt von **meinem** Verlag!

Jill kapiert es erst eine Sekunde nach mir. Und dann schauen wir uns an und brechen gleichzeitig in lautes Gelächter aus.

Es ist wirklich unfassbar: Ausgerechnet der Verlag, der mein erstes Blog *Alles, was Mädchen wissen müssen, bevor sie 13 werden* im Web entdeckt und dann als Buch herausgebracht hat, steckt hinter diesem Wettbewerb! Was für ein Riesenzufall …

Jacob starrt Jill und mich an, als hätten wir den Verstand verloren. Logisch, er kann ja nicht ahnen, warum wir das so urkomisch finden. Niemand weiß von meiner Karriere als Autorin, abgesehen von einer Handvoll Eingeweihter.

»Du gewinnst locker!«, mischt sich jetzt auch Nick ein. Hoffentlich verquasselt er sich nicht. Manchmal redet er, bevor er denkt.

»*ORANGE-Verlag?* Das ist doch …«

Genau das meine ich! Um ein Haar hätte er mein Geheimnis herausposaunt, weil er sich einfach nicht merken kann, dass niemand davon erfahren soll.

»Stimmt«, unterbreche ich ihn schnell, »das ist der Verlag, bei dem ich mich schon vor zwei Jahren für ein Praktikum beworben habe. Allerdings hatten sie dann einen Jungen aus einer anderen Klasse genommen.«

Mich hat das damals rasend gemacht, aber inzwischen bin ich längst darüber hinweg. Die Absage war schließlich der Grund, weshalb ich angefangen habe zu bloggen, und das hat mir viel mehr gebracht als ein Praktikum mit zwölf. Doch jetzt bin ich älter, und ein Praktikum wäre echt eine coole Sache.

Nick lässt sich nicht so leicht stoppen. »Aber der *ORANGE-Verlag* ist doch auch …«

Hilfe, er checkt es einfach nicht! »Ja, der *ORANGE-*

Verlag ist auch sehr cool«, beende ich seinen Satz. Und damit er endlich still ist, drücke ich ihm vor allen anderen einen Kuss auf den Mund.

Ein paar Leute applaudieren, einige seiner Kumpels johlen. Ist mir egal. Der Zweck heiligt die Mittel.

Dann klingelt es zur dritten Stunde. Die Pause ist vorbei und damit auch unser Kuss. Als ich mich umdrehe, ist Jacob weg.

Irgendwie hoffe ich, dass er die Sache mit dem Kuss nicht mitbekommen hat. Aber dann muss ich über mich selbst den Kopf schütteln. Was ist denn los mit mir? Nick und ich sind schließlich verliebt. Das kann ruhig jeder sehen!

Nervensäge

Oder: Das Jogging-Fieber bricht aus! Zum Glück bin ich immun …

WIE WÄR'S MIT KLIMAWANDEL?, überlege ich, als ich am Freitagmittag aus der Schule heimkomme und es sich bei strahlendem Sonnenschein fast anfühlt wie Spätsommer statt wie Mitte November. Vielleicht sollte ich meinen Wettbewerbsbeitrag über dieses Thema schreiben? Ergiebig genug wäre es auf jeden Fall, und aktuell ist es auch. Andererseits **ist** über den Klimawandel auch schon so viel geschrieben worden, dass ich mir kaum vorstellen kann, dazu irgendetwas Neues beitragen zu können.

Vielleicht bleibe ich doch lieber bei der Frage, wie man gute Einfälle entwickelt. Neulich habe ich gelesen, dass man bei Bewegung an der frischen Luft vor Ideen nur so sprüht.

Die Sache mit der Bewegung und der Kreativität muss ich unbedingt austesten! Schnell tausche ich meinen viel zu warmen Anorak gegen eine dünnere Jeansjacke aus, werfe die Schultasche in die Ecke, schnappe mir die Hundeleine, rufe Burki, und schon bin ich wieder draußen.

Aus alter Gewohnheit mache ich einen kleinen Umweg und schaue bei Mum in *Rapunzels Schatztruhe* vorbei, um mich abzumelden. Sie will ja immer wissen, wo ihre Lieben stecken. Levin behauptet, sie wäre ein **Kontrollfreak**, aber ich finde, dass Mum schon deutlich lockerer geworden ist. Seit Mika auf der Welt ist, hat sie dermaßen viel um die Ohren, dass ihr gar keine Zeit bleibt für all ihre anstrengenden Erziehungsticks, die sie für gewöhnlich im Repertoire hat. Dass sie schon lange keinen Familienrat mehr abgehalten hat, ist mir übrigens sehr recht. Vor einem Spaziergang kurz Tschüs sagen erscheint mir im Vergleich dazu wie eine akzeptable Lappalie.

Im Laden ist die Hölle los! Mindestens sieben Kunden wollen gleichzeitig beraten, bedient und abkassiert werden. Mum hat ganz rote Wangen, doch sie kriegt das locker hin. Je mehr Betrieb herrscht, desto wohler fühlt sie sich. Allerdings wirkt sie heute Nachmittag ein bisschen nervöser als sonst, das sehe ich auf den ersten Blick. Und auf den zweiten erkenne ich auch, woran das liegt: Zwischen der Kasse und den Pastinaken steht der Kinderwagen.

»Gut, dass du kommst«, raunt sie mir zu, als ich mich endlich zu ihr durchgezwängt habe. »Paps ist beim Zahnarzt und Oma unterwegs. Könntest du kurz auf Mika aufpassen, bis der Kundenansturm abflaut?«

»Ich wollte eh gerade mit Burki Gassi gehen. Da kann ich Mika einfach mitnehmen.«

Mum ist supererleichtert und schenkt mir aus purer Dankbarkeit eine Banane. Das ist für ihre Verhältnisse so was wie eine Süßigkeit.

Als ich Burki draußen losbinde, wo er brav auf mich gewartet hat, kommt gerade Tessa aus dem Haus.

»Huhu, Henry, darf ich mit?«, ruft sie.

»Meinetwegen«, erwidere ich. »Was hast du denn in der Tasche?«

»Paps' Fotokamera«, erklärt sie. »Hat er mir erlaubt. Ich muss nämlich Bäume knipsen. Für Sachkunde.«

Aha. Darum will sie also mit. Normalerweise tobt sich meine kleine Schwester ausschließlich beim Fußballspielen aus – zu Gassigängen kann man sie nur höchst selten überreden. »Willst du Burki führen oder den Kinderwagen schieben?«, stelle ich ihr zur Auswahl.

»Den Kinderwagen schieben«, entscheidet sie spontan.

Schon nach wenigen Metern fängt sie an, mir ganz fürchterlich auf die Nerven zu gehen. Hat Tessa etwa Plapperwasser getrunken? Sie war ja noch nie auf den Mund gefallen, aber heute sprudelt es nur so aus ihr heraus. Ohne Punkt und Komma erzählt sie von ihren Hausaufgaben, dem Sachkundeunterricht generell, der Schule im Allgemeinen, ihren Klassenkameraden und ihren Plänen fürs Wochenende. **Hilfe!**

Kann man diese Plaudertasche vielleicht irgendwie abschalten? Oder wenigstens leiser drehen?

»Hm«, mache ich nur hin und wieder. Aber das stört meine kleine Nervensägen-Schwester nicht weiter. Sie redet und redet und redet. Nur als Mika einmal kurz quäkt, legt sie für ein paar Sekunden eine Pause ein, um ihm den Schnuller wieder in sein Mündchen zu schieben – und schon ist er still. Ich wünschte, ich könnte dasselbe mit ihr machen!

Kurz bevor wir den Park erreichen, kommen uns zwei Jogger entgegen. Oma Lydia erkenne ich schon auf ein paar Hundert Meter Entfernung, weil sie ihre Trainingsjacke in Knallorange trägt und dazu eine giftgrüne Laufhose und lilafarbene Joggingschuhe. Aber wer ist der Typ neben ihr?

»Das ist ja Oma!«, jubelt Tessa, kurz bevor wir auf einer Höhe mit ihr sind. **Was für eine Schnellmerkerin!** Vor lauter Gequatsche hat sie überhaupt nicht mitgekriegt, wer da auf uns zukommt.

Und ich war so sehr in Gedanken versunken, dass ich erst jetzt erkenne, wer sie begleitet: Es ist Gunnar, der Saunamann. Und er sieht ganz schön fit und durchtrainiert aus. Warum joggen die beiden denn zusammen?

»Hallo, Tessa! Hallo, Jette-Kind!«, ruft uns Oma Lydia im Vorbeilaufen zu, und wir grüßen mit offenen Mündern zurück.

Die beiden sind schon ein gutes Stück entfernt, als mir auffällt, dass dieser Gunnar irgendwie meinem Opa ähnelt. Oder bilde ich mir das vielleicht nur ein? Ich kenne meinen Opa ja nur von Fotos …

Was für ein Zufall: Auch Jacob und Prinzessin Leia, die Mopsdame, mit der Burki neulich so schön gespielt hat, sind im Park. Das ist ja mal eine nette Überraschung.

Jacob wirft einen Blink in den Kinderwagen. »Dein kleines Brüderchen ist ja ganz schön gewachsen.«

Das klingt fast ehrlich interessiert. Spielt er etwa Theater? Welcher Junge interessiert sich denn dafür, ob so ein kleiner Schreihals größer wird?

»Wie süß!«, sagt er.

Hallo? Süß? Hat Jacob das jetzt wirklich gesagt?

»Mika ist unser Baby«, mischt sich Tessa ungefragt ein.

Fast ist es ein Wunder, dass sie so lange still gewesen ist. Mindestens drei Minuten!

»Seit wir ihn haben, bin ich eine große Schwester.«

»Wow. Das ist bestimmt ganz schön cool«, sagt Jacob völlig ernsthaft.

Wahnsinn! Levin, Nick und alle anderen Jungs, die ich kenne, würden niemals so mit der kleinen Nervensäge Tessa reden, sondern eher von oben herab.

Natürlich muss Tessa ihm Paps' Fotoapparat zeigen und ausführlich über ihr Sachkunde-Projekt berichten. Ich hoffe, dass Jacob nicht gelangweilt ist, doch das Gegenteil scheint der Fall zu sein. Er macht sie auf eine Blutbuche aufmerksam, eine ziemlich seltene Baumart, die Tessa unbedingt knipsen soll.

»Vielleicht möchte Mika inzwischen ein bisschen mit Prinzessin Leia herumtoben, solange Burkhard noch schläft«, sagt er jetzt.

Da bekommen Tessa und ich einen Lachanfall. Es dauert einen Moment, bis Jacob schnallt, dass er den Namen des Babys mit dem des Hundes verwechselt hat. Aber dann fällt er in unser Lachen ein.

»Hast du inzwischen eigentlich ein Thema für den Wettbewerb gefunden?«, fragt Jacob, nachdem wir uns beruhigt haben.

»Na ja, ich habe eine kleine Auswahl eingegrenzt«, behaupte ich. Ich will nicht zugeben, dass ich noch immer nicht die geringste Ahnung habe, worüber ich schreiben soll.

Jacob dagegen hat längst eine Versuchsreihe gestartet. Tatsächlich befasst er sich mit dem Klimawandel. Genauer gesagt macht er eine Umfrage.

»Ich will wissen, woran sich die Menschen erinnern und wie sie das Wetter empfinden. Ob sie zum Beispiel glauben, dass die Winter in den vergangenen Jahrzehnten milder und die Sommer verregneter geworden sind«, erklärt er. »Und diese Eindrücke vergleiche ich dann mit der Statistik der offiziellen Wetteraufzeichnungen.«

»Super Idee. Am besten befragst du dazu auch meine Oma, die hat schon über sechzig Sommer und Winter erlebt und außerdem ein Gedächtnis wie ein Elefant«, sage ich.

»Mach ich gern«, sagt Jacob. »Mir graut allerdings davor, den dazugehörigen Bericht zu schreiben. Meine Zeichensetzung ist total verheerend, und mein Stil ist auch nicht besser. Deutsch ist mit Abstand mein schlechtestes Fach. Kaum zu fassen, dass ich mich mündlich einigermaßen verständlich ausdrücken kann …«

Ich muss lachen. »Wenn du magst, helfe ich dir dabei. Schriftlich bin ich ziemlich gut, wenn ich erst einmal weiß, **worüber** ich schreiben soll.«

»Wow, danke. Auf dieses Angebot komme ich bestimmt irgendwann zurück«, freut sich Jacob.

Ob er wohl auch manchmal unter Stimmungsschwankungen leidet? Vermutlich nicht – wenn ich ihn treffe, hat er zumindest immer gute Laune. Und die ist ansteckend.

»Ich kann dir auch helfen«, kräht Tessa.

Ja klar. Das wäre bestimmt irre hilfreich.

»Lieb von dir«, meint Jacob. Er war schon immer einfach zu nett für diese Welt!

Als wir zurückkommen, ist Jill da. **Sehr cool!** Ich freu mich. Levin und sie backen zusammen einen Kuchen. Offenbar herrscht gerade wieder Harmonie in ihrer Beziehung.

Sie eröffnet mir ihren neuesten Traum: »Endlich weiß ich, was ich werden will: Konditorin! Eines Tages werde ich ein weltberühmtes Café eröffnen, in dem sich alle Stars tummeln, die aus irgendeinem Grund nach Berlin kommen.«

Das ist ja mal ganz was Neues! Sie hat sogar schon einen Slogan: »Keine Filmpremiere ohne Kuchen von Jill!« Ihre Phase als Detektivin scheint vorbei zu sein: Sehr gut!

Jetzt stürzt Jill sich auf den Kinderwagen und knuddelt das Baby. Sie ist geradezu vernarrt in den kleinen Mika. Levin tut so, als wäre er eifersüchtig auf sein Brüderchen. Oh Mann, das nervt vielleicht! Liebesgeturtel ist megapeinlich, wenn man nicht selbst beteiligt ist. Schade, dass Nick mal wieder Fußballtraining hat.

Ich räuspere mich und tue so, als hätte ich bloß einen Frosch im Hals. Denn plötzlich ist sie weg, meine gute Laune, und ich könnte heulen.

»Du findest Mika also süß? Ich finde ihn superanstrengend«, platzt es aus mir heraus. »Er ist fast noch schlimmer als Tessa, und die nervt schon ganz gewaltig. Dass Babys so viel Arbeit machen, hätte ich nie gedacht. Und eins steht fest: Ich werde später bestimmt keine Kinder bekommen!«

Jill starrt mich völlig entgeistert an. »Wie kannst du so was sagen? Wir wollten doch gleichzeitig schwanger werden, wenn wir siebenundzwanzig sind, genau wie unsere Mütter. Damit sich unsere Kinder schon im Bauch kennenlernen können, genau wie wir damals.«

Stimmt, davon haben wir mal gesprochen. **Als wir elf waren!** Da wussten wir es noch nicht besser …

Ich zucke mit den Schultern. »Vielleicht werde ich ja doch Urwaldforscherin oder so was in der Art, da kann man ein Baby ohnehin nicht gebrauchen.«

Mit diesen Worten mache ich einen Abgang und verschwinde in meinem Zimmer, um mein Blog zu checken. Und um dem nervigen Geturtel von Jill und dem Badezimmerblockierer zu entkommen.

Während mein Laptop hochfährt, frage ich mich, welche von unseren Plänen wohl eines Tages verwirklicht werden. Wird sich Jill tatsächlich für einen Beruf entscheiden? Und was wird aus meinem Vorhaben, später als Wissenschaftsjournalistin zu arbeiten? Vielleicht ist es doch nur eine Träumerei? Mir fällt ja noch nicht mal ein vernünftiges Thema für den Schreibwettbewerb ein …

Um die traurigen Gedanken zu vertreiben, lese ich die Kommentare zu meinem Artikel über das Händchenhalten.

Sally2499 schreibt:
Meine Mutter hält mich immer noch an der Hand, wenn wir gemeinsam eine Straße überqueren. Als wäre ich erst drei! Puh, das nervt vielleicht! Wenn Händchenhalten ein Menschenrecht ist, dann sollte das Nichthändchenhalten auch eins sein.

Ich finde Händchenhalten viel schöner als Küssen. Leider sieht mein Freund das genau andersrum,
hat Pippilotta gepostet.

Auch KissMe28 hat wieder kommentiert:
Das Foto von den zwei alten Leutchen ist ja voll süß! Aber ganz ehrlich: Wenn meine Eltern manchmal Händchen halten, finde ich das eher peinlich. Keine Ahnung, warum.

Die meiste Aufmerksamkeit hat jedoch der Kommentar von PrincessX bekommen. Denn so wie Honeybee99 empfinden es die meisten:

Ich musste fast weinen, als ich das mit deiner sterbenden Oma gelesen habe. Was du geschrieben hast, ist total traurig, aber irgendwie auch schön.

Stimmt, das ging mir genauso. Und wieder denke ich daran, wie froh ich doch bin, dass Oma Lydia noch so topfit ist. Sogar fitter als ich, wenn man an ihr Laufpensum denkt. Und an ihre Sauna. Oder ihr Yoga …

Spontan beschließe ich, zu Oma rüberzugehen. Bestimmt kocht sie mir eine heiße Schokolade, darauf hätte ich jetzt Lust!

Doch Oma macht überhaupt keine Anstalten, mir irgendetwas zu servieren. Stattdessen schickt sie mich weg! Das ist ja noch niemals vorgekommen. Allerdings schickt sie mich nicht **einfach so** weg, sondern mit einem Auftrag: »Du solltest mal nach deiner Schwester sehen. Tessa war eben hier und hat bitterlich geweint. Und zwar deinetwegen.«

Wie bitte? Was hab ich denn …? Da fällt mir siedend heiß ein, was ich vorhin in der Küche über nervende Kinder gesagt habe. Ob sie das etwa mitbekommen hat?

Ich finde Tessa in ihrem Zimmer. Sie hat rot verheulte Augen und kauert auf ihrem Sitzsack, mit Burki auf dem Schoß, den sie streichelt. Ich bin richtig erschrocken. Was habe ich nur getan?

»Mensch, Tessa, es tut mir so leid!«, falle ich direkt mit der Tür ins Haus. Ich wollte ihr doch nicht wehtun! Tessa wirkt so bekümmert, dass mir selbst fast die Tränen kommen. »Manchmal rede ich dummes Zeug. Du bist die tollste kleine Schwester, die ich mir nur vorstellen kann. Aber weißt du, manchmal ist es nicht so leicht, eine große Schwester zu sein. Und dann sagt man blöde Sachen, die man gar nicht so meint.«

Tessa nickt. »Es ist wirklich schwer, eine große Schwester zu sein.«

Beschämt setze ich mich zu ihr auf den Sitzsack, der zum Glück ziemlich groß ist.

»Ich hab mich so drauf gefreut, endlich nicht mehr die Kleinste in der Familie zu sein, aber jetzt fühlt es sich ganz anders an, als ich gedacht habe.«

Willkommen in meiner Welt, denke ich. Genauso ging es mir, als Tessa geboren wurde.

»Niemand hat Zeit für mich, alles dreht sich nur um Mika«, klagt Tessa weiter, »und nun sagst du auch noch, dass ich eine Nervensäge bin.«

Ihr Stimmchen bebt verdächtig, gleich bricht sie bestimmt wieder in Tränen aus. Auch das noch! Wie kann ich das verhindern? Schnell, ich brauche eine Eingebung ...

»Weißt du was? Wie wäre es, wenn wir demnächst mal einen richtigen Mädelstag machen?«, schlage ich spontan vor.

»Nur wir zwei. Und wir unternehmen lauter Sachen, auf die du Lust hast. Na, was sagst du?«

»Cooool!« Tessa ist begeistert und die Tränenflut gestoppt. Uff!

»Gehen wir dann auch Eishockey spielen?«

»Du willst ja bloß gewinnen«, rufe ich mit gespielter Empörung, und Tessa kichert los. **Ich hab sie echt lieb, die kleine Nervensäge.**

06 Detektei Jette V.

Oder: Geheimnisse sind langweilig – nackte Tatsachen aber auch

JILL IST ZWAR LÄNGST über die Idee hinweg, Detektivin werden zu wollen, aber die Zweifel, die sie mir eingeredet hat, sind leider nicht verschwunden. Im Gegenteil – sie nagen an mir und machen mich noch ganz verrückt. Hat Nick wirklich so oft Training, wie er behauptet? Finden im Dezember noch so viele Fußballspiele statt? Und ist er tatsächlich mit seinen Kumpels unterwegs oder vielleicht doch mit einem anderen Mädchen?

Ich weiß, mein Verdacht ist lächerlich. Aber ich brauche Gewissheit. Und ich mag ihn nicht fragen – denn dann wüsste er ja, was für bescheuerte Gedanken mir durch den Kopf gehen. Also tue ich das, was ich Jill erfolgreich ausreden konnte: **Ich beschatte meinen Freund.**

Es dämmert schon, als ich mich – in einen unauffälligen marineblauen Mantel mit Kapuze gehüllt – auf den Weg mache. Sehr praktisch, dass es um diese Jahreszeit so früh dunkel wird, das ist die perfekte Tarnung. Angeblich hat Nick um fünf Uhr Torwarttraining. Ich postiere mich eine halbe Stunde vorher in der Nähe seines Hauses und verstecke mich hinter einer Litfaßsäule.

Nachdem ich die Ankündigung eines Adventsbasars mindestens siebenmal von A bis Z durchgelesen habe, regt sich etwas. Nick verlässt das Haus und marschiert – zum Glück ohne in meine Richtung zu blicken – auf die Straßenbahnhaltestelle zu. Ich folge ihm in gebührendem Abstand.

Als die Bahn kommt, steige ich ein Abteil hinter ihm ein. Hoffentlich verpasse ich nicht, wo er aussteigt! Beim Trainingsgelände wird es jedenfalls bestimmt nicht sein, denn erstens fahren wir in eine völlig andere Richtung, und zweitens hat er seinen Rucksack mit den Fußballsachen nicht dabei.

Sofort ist mein Misstrauen wieder da. Er hat mich also tatsächlich angelogen. Warum nur? Er hätte es doch einfach sagen können, wenn er keine Lust auf den Spieleabend gehabt hätte, den Jill und Levin vorgeschlagen haben. Okay, ich wäre vielleicht ein bisschen enttäuscht gewesen, aber Ehrlichkeit ist doch das Wichtigste, oder?

Fünf Stationen später steigt Nick aus, und ich schaffe es in letzter Sekunde, auch aus meinem Abteil zu springen. Schon von Weitem sehe ich einige seiner Freunde: Aaron, Felix, Leon und Max. Die Jungs begrüßen sich mit dem üblichen ruppigen Schultergeklopfe und Auf-den-Oberarm-Geboxe. Dann betreten sie gemeinsam ein Gebäude.

Ich nähere mich vorsichtig. Wer weiß, ob sie gleich wieder rauskommen? Aber dann lese ich, was über dem Eingang steht: *Lasertag Fight & Fun*. Und darunter: *Das legendäre Indoor-Sporterlebnis.*

Na großartig! Lasertag also. Und warum um alles in der Welt erzählt er mir das nicht?

Auf dem Nachhauseweg in der Straßenbahn googele ich, was genau es mit diesem sogenannten Indoor-Sport auf sich hat. Und ziemlich bald wird mir klar, warum Nick mir sein neues Hobby verheimlicht hat. Weil ich ihn nämlich gefragt hätte, ob er noch alle Tassen im Schrank hat! Das ist doch wohl nicht sein Ernst, eine Hightech-Version von Räuber und Gendarm zu spielen? Ich will mir gar nicht vorstellen, wie mein netter, liebenswerter Freund mit einer Infrarotpistole bewaffnet einen Parcours absolviert, wild um sich ballert und versucht, nicht abgeschossen zu werden. Was für ein kriegsverherrlichender, gewaltverharmlosender Bockmist.

Einerseits bin ich ehrlich schockiert, andererseits auch irgendwie erleichtert. Immerhin hat er kein Date. Das ist nicht ganz so schlimm. **Aber fast!**

Natürlich kann ich ihn unmöglich auf sein neues Hobby ansprechen, weil ich sonst ja zugeben müsste, dass ich ihn heimlich verfolgt habe. Und das ist, wenn man es genau nimmt, deutlich übler als Lasertag spielen.

Ich seufze. So kann das mit uns nicht weitergehen! Die Romantik ist futsch, wir belügen einander und haben offenbar Vorlieben, die kein bisschen kompatibel sind. Händchen halten und Krieg spielen, das passt ungefähr so gut zusammen wie Sahnetorte und Senf.

Ich frage mich, ob es mit unserer Beziehung gerade gewaltig bergab geht – und ob ich das überhaupt noch aufhalten kann! Es ist höchste Zeit, dass ich mir etwas ausdenke, wie es zwischen Nick und mir wieder romantisch werden kann.

Ich muss mit jemandem reden. **Jemandem mein Herz ausschütten!** Und dafür kommt nur eine Person infrage: Oma Lydia. Vielleicht hat sie ein paar Romantiktipps für mich in petto …

Als ich zu Hause ankomme, stelle ich zwei Dinge fest: Erstens, dass es gerade anfängt zu schneien, was irgendwie in der Luft lag und im Dezember auch nicht weiter ungewöhnlich ist, und zweitens, dass Gunnars Auto dasteht. Wie lange kann es denn dauern, so eine popelige Sauna einzubauen? Eigentlich müsste die doch längst fertig sein.

Ich überlege erst, später wiederzukommen, wenn Gunnar weg ist. Aber dann beschließe ich, dass ich nicht warten will, und klopfe. Oma macht zwar nicht auf, doch da die Tür wie immer unverschlossen ist, trete ich einfach ein.

»Hallo? Oma?«

Keine Ahnung, wo sie steckt. In der Küche jedenfalls nicht. Im Wohnzimmer ebenso wenig. Vielleicht sind die beiden in der Baustelle?

In diesem Moment öffnet sich die Tür zur ehemaligen Abstellkammer, und heraus kommen … **Himmel!** Ich glaub, mich knutscht ein Elch … Kann ich bitte auf der Stelle im Boden versinken – oder wenigstens blind werden?

Vor mir stehen Oma Lydia und der Saunamann – beide splitterfasernackt.

Ich will nicht hinsehen, nein, ich will es nicht – aber mein Blick wird magisch angezogen. Nicht zu fassen, dass Gunnars Penis das erste männliche Geschlechtsorgan ist, dass ich live und in Farbe zu sehen kriege, wenn man von Mikas einmal absieht.

Und darum machen alle so ein großes Trara? Also ehrlich – ich weiß beim besten Willen nicht, was an diesem Körperteil so spektakulär sein soll. Es sieht aus wie ein verschrumpeltes Würstchen und ist bei Weitem nicht das Attraktivste an Gunnar, der für sein Alter ziemlich viele Muckis hat. **Nicht starren, Henriette!**

»Ähm, ich geh mich dann mal anziehen«, sagt Gunnar ruhig und verschwindet in Richtung Bad.

Jetzt löst sich auch Oma Lydia aus ihrer Schockstarre und wirft sich hastig einen Bademantel über. »Heiße Schokolade mit Sahne?«, schlägt sie vor.

»Super Plan«, erwidere ich.

Wenig später sitzen wir am Küchentisch, vor uns zwei Tassen mit dampfendem Kakao. Gunnar hat sich inzwischen verabschiedet, und zwar mit einem Kuss auf Omas Mund. **Aha.** Mir war ja längst aufgefallen, dass sich die beiden richtig gut verstehen, aber damit hätte ich nicht gerechnet. Süß irgendwie! Oma Lydia wird richtig rot und sagt erst einmal gar nichts, sondern beißt in einen Lebkuchen. Kenn ich, diese Strategie. Wer kaut, muss nichts erklären.

Doch dann gibt sie sich einen Ruck und erzählt, dass die Sauna tatsächlich längst fertig ist. Sie hat das bloß noch nicht erwähnt, damit niemand fragt, warum Gunnars Auto trotzdem noch ständig dasteht. Denn das hat natürlich ganz andere Gründe …

Oma kichert verlegen. »Ich hab mich glatt in ihn verliebt. Ist das zu fassen? In meinem Alter.«

»Hast du nicht selbst gesagt, dass man für die Liebe nie zu alt ist?«, erinnere ich sie.

»Ja, stimmt schon. Nur …« Sie verstummt.

Ich ahne bereits, worauf sie hinauswill. »Mum?«, frage ich.

Oma nickt. »Wäre nett, wenn du Eva erst mal noch nichts davon erzählen würdest. Sie kann irgendwie … so altmodisch sein.«

Schon schräg, wenn eine über Sechzigjährige so etwas über eine Anfang Vierzigjährige sagt, aber wenn man Oma und Mum kennt, wundert man sich kein bisschen.

»Keine Sorge, dein Geheimnis ist bei mir so sicher wie meins bei dir«, versichere ich und gebe ihr einen dicken Kuss auf die immer noch leicht errötete Wange.

Ich bin schon fast wieder über den Hof, wo inzwischen mehrere Zentimeter hoch Schnee liegt, als mir einfällt, dass ich die Lasertag-Sache überhaupt nicht erwähnt habe. Hab ich total vergessen! Genauso wie die Romantiktipps, nach denen ich sie fragen wollte. Das liegt natürlich an den aufregenden Neuigkeiten, die ich eben erfahren habe. Und die ich unbedingt mit jemandem teilen muss, **sonst platze ich!**

Zum Glück begegne ich Jill in unserer Küche, die gerade eine Ladung frisch gebackener Kekse aus dem Ofen holt. Sie sieht aus, als hätte sie zu lange draußen im Schnee gestanden, aber dann erkenne ich, dass das Weiße in ihrem Gesicht bloß Mehl ist.

»Sprechstunde«, flüstere ich ihr ins Ohr, denn das ist unser Codewort dafür, dass es superspannende Neuigkeiten gibt, die wir dringend bereden müssen – ohne Zuhörer!

Jill folgt mir sofort in mein Zimmer. Sie wirkt erleichtert, dass ich nicht mehr so schräg drauf bin wie vorhin, als wir uns über das Kinderkriegen gestritten haben. Wie albern aber auch! Schließlich haben wir noch einige Jahrzehnte Zeit, uns zu entscheiden, ob und wie viele Babys wir mal haben wollen.

Jetzt hört Jill mir mit offenem Mund zu, was ich zu berichten habe. »Oma Lydia und der Saunamann? Wie krass ist das denn?«

Vermutlich würde sie sich vor Staunen den Kiefer ausrenken, wenn sie wüsste, dass ich die beiden nackt gesehen habe, aber dieses Detail lasse ich lieber weg.

»Sie blüht regelrecht auf«, sage ich. »Oma ist die Coolste.« Fragt sich nur, warum sie dann nicht mit offenen Karten spielt. Offenbar schließen sich Coolness und Heimlichtuerei nicht zwangsläufig aus. Ein tröstlicher Gedanke, der mich ein wenig beruhigt, wenn ich an meine blöde Beschattungsaktion von vorhin denke.

»Übrigens hab ich ihr versprochen, dass Mum von mir nichts erfährt. Am besten, du erzählst es darum niemandem weiter – nicht einmal Levin.«

»Ich schwöre!«, versichert mir Jill und hebt feierlich die Hand. »Aber warum diese Geheimniskrämerei?«, fragt sie verwundert.

»Na ja. Weißt du noch, wie ich reagiert habe, als mir vor ein paar Jahren klar wurde, dass meine Eltern noch Sex haben? Was durch die Geburt von Mika ja inzwischen bewiesen ist. Jedenfalls fand ich das damals superpeinlich, wie du dich sicher erinnerst. Und ich schätze, das geht allen Kindern so. Niemand will sich seine Eltern als Liebende vorstellen. Mum ist da bestimmt keine Ausnahme. Und Oma weiß das natürlich, weil sie total klug ist.«

Jill hat ihren Kopf zur Seite gelegt und wirkt auf einmal ganz nachdenklich. »Du weißt ja, dass Elin seit einigen Monaten einen neuen Freund hat«, fängt sie an.

Ich nicke. Ja, ich habe Tim sogar schon kennengelernt. Netter Typ.

»Um ehrlich zu sein«, fährt Jill fort, »ich fand das zuerst megapeinlich. Nicht, dass sie einen Freund hat, sondern dass der fast zehn Jahre jünger ist als sie.«

»Echt? Das hätte ich gar nicht gedacht!« Jills Mutter sieht ziemlich jugendlich aus, da kann man sich leicht mal verschätzen.

»Ist aber so.«

»Ich versteh's trotzdem nicht: Was findest du daran denn peinlich?«

Jill zuckt mit den Schultern. »Keine Ahnung. Inzwischen denke ich da auch anders drüber. Alle möglichen berühmten Frauen haben schließlich jüngere Partner, zum Beispiel Madonna, Heidi Klum oder Cameron Diaz. Das scheint cool zu sein. Warum also nicht auch Elin?«

Ich nicke. »Genau. Hauptsache, sie sind glücklich.«

Wobei mir die Vorstellung, mein zukünftiger Freund wäre zurzeit gerade mal fünf Jahre alt, reichlich absurd erscheint.

»Vielleicht sollte ich mich bei Elin entschuldigen«, meint Jill und wirkt plötzlich geknickt. »Ich habe ziemlich doofe Sachen zu ihr gesagt. Glaubst du, sie freut sich über einen selbst gebackenen Kuchen in Herzform?«

»Na klar, garantiert. Nur zu, falls du nicht schon all unsere Vorräte aufgebraucht hast«, erwidere ich grinsend.

Sofort springt Jill auf und verschwindet in Richtung Küche,

irgendetwas von wegen »Mehl und Backpulver suchen« vor sich hin murmelnd …

Ich bleibe nachdenklich zurück. Hätte ich nie gedacht, dass Elins jüngerer Freund Jill peinlich sein könnte. Und überhaupt: Was ist das nur für ein seltsames Phänomen, dieses Peinlichkeitsgefühl? Wozu ist es nützlich? Ich meine, wenn es vollkommen unsinnig wäre, würde es doch bestimmt nicht existieren.

Warum war es mir peinlich, Oma und Gunnar nackt anzutreffen? Wieso habe ich mich geschämt, als ich mit meiner unbedachten Äußerung Tessa zum Weinen gebracht habe? Weshalb habe ich mich so wahnsinnig geniert, als mich Levin damals dabei erwischt hat, wie ich mit Melonen im T-Shirt meine künftige Oberweite simulieren wollte – obwohl das doch ein rein wissenschaftliches Experiment war?

Ich beschließe, es herauszufinden und darüber zu bloggen. In den nächsten Stunden vergesse ich alles um mich herum … Nicht einmal der köstliche Duft von frisch gebackenem Schokoladenkuchen lenkt mich ab.

Es ist schon ganz schön spät, als mein neuer Artikel fertig ist:

DAS IST JA OBERPEINLICH … WAS UND WARUM ÜBERHAUPT?

Heute habe ich eine wirklich, wirklich megapeinliche Situation erlebt. Details erspare ich euch, ihr würdet euch bloß fremdschämen. Aber was ich euch nicht erspare, sind meine Gedanken zum Thema Peinlichkeit. Ich habe mich gefragt, was es mit diesem seltsamen Gefühl auf

sich hat. Und ich bin zu ziemlich überraschenden Erkenntnissen gekommen …

Autsch!

Hättet ihr gewusst, woher das Wort »peinlich« stammt? Genau, von »Pein«. Es bedeutet »Schmerz« und ist zum Beispiel mit dem englischen »pain« und dem niederländischen »pijn« verwandt, außerdem mit den deutschen Wörtern »peinigen«, »penibel« und »pingelig«. Wenn zu früheren Zeiten von einem »peinlichen Verhör« die Rede war, dann bedeutete das, dass dabei gefoltert wurde. Schreckliche Vorstellung!

Die Symptome

Ganz so schlimm ist es heutzutage zwar nicht mehr, wenn einem etwas peinlich ist, aber trotzdem gibt es Situationen, in denen man am liebsten im Erdboden versinken möchte. So wie ich vorhin (und nein: ich verrate immer noch keine Details). Die Symptome kennen wir alle: Man wird rot, bekommt Herzklopfen, senkt den Blick, fühlt sich beklommen und schämt sich so sehr, dass es fast wehtut.

1001 Arten, sich zu blamieren

Es gibt unzählige Dinge, die einem peinlich sein können. Zum Beispiel, wenn man laut über einen Lehrer lästert, während der schon im Raum ist und alles mit anhört. Oder wenn man als Einzige verkleidet in die Schule kommt, weil man sich im Kalender vertan hat und dachte, es sei schon Fasching. Oder wenn man beim ersten Date mit dem neuen Freund aus Versehen pupst. Das ist euch jetzt schon beim Lesen peinlich? Dachte ich's mir doch …

Fremdschämen - seit 2008 im Duden

Besonders oft passiert es Fernsehzuschauern, wenn sich beispielsweise ein Reality-TV-Darsteller bis auf die Knochen blamiert oder bloßstellen lässt. Aber auch wenn man etwas Peinliches beobachtet - etwa, dass jemand, ohne es zu bemerken, mit offener Hose aus der Umkleidekabine kommt. Fremdschämen hat etwas mit Mitleid zu tun. Doch womit hat das Peinlichkeitsgefühl zu tun?

Scham braucht keine Zuschauer - Peinlichkeit schon

Schamgefühle gibt es in allen Kulturen. Aber man schämt sich nicht unbedingt für dieselben Sachen. Es kommt nämlich darauf an, was in der jeweiligen Gesellschaft üblich ist und was nicht. Für manche Naturvölker ist es stinknormal, nackt herumzulaufen. Doch stellt euch mal vor, bei uns würde jemand nackt shoppen gehen ... Übrigens wird etwas erst dann so richtig peinlich, wenn man dabei beobachtet wird. Denkt mal drüber nach - das stimmt echt.

»So will ich nicht sein!«

Babys und Kleinkinder schämen sich übrigens niemals, und ihnen ist auch nichts peinlich, weil sie noch keine Vorstellung von sich selbst als Person haben. Ihnen ist es egal, wie andere sie sehen. Aber sobald man ein Bild von dem, wie man sein will, entwickelt hat und damit auch eine gewisse Selbstachtung, kann man sich blamieren. Indem man sich nämlich - versehentlich - so verhält, dass es nicht zu diesem Bild passt.

Was dir peinlich ist, hängt von dir ab!

Ob es Stefani Germanotta wohl peinlich wäre, mit einem

Kleid, das aus Fleischfetzen besteht, spazieren zu gehen? Gut möglich. Wenn sie aber als Lady Gaga auftritt, dann passt es zu ihrem Image. Es kommt also auf die Situation, auf die Kultur und auf die Person an, ob etwas peinlich ist oder nicht. Mir ist es zum Beispiel wahnsinnig unangenehm, wenn ich mal wieder als Klugscheißerin unterwegs war – und sich dann rausstellt, dass ich unrecht hatte. Und was fällt euch so ein?

Gerade habe ich den Beitrag per Mausklick online gestellt, da ertönt aus Levins Zimmer ein Aufschrei. Das klingt ja grässlich! Hoffentlich ist nichts Schlimmes passiert …

Ich rase hinüber und bleibe wie angewurzelt stehen, als ich meinen Bruder erblicke – von oben bis unten mit buntem Glitter bestäubt, als wäre er **ein wandelnder Christbaum**. Und daneben steht Jill, mit hochrotem Kopf, der es offensichtlich megapeinlich ist, was sie getan hat.

Zum Glück weiß Levin nicht, wer die heimliche Absenderin des Umschlags ist, den er eben unbedacht aufgerissen hat. Vermutlich hatten die beiden neulich Zoff, und Jill muss wohl spontan eine **Glitzerrache** für ihn geordert haben. Inzwischen sind die beiden längst wieder versöhnt, und das mit der Rache hatte sich eigentlich erübrigt …

»Suchst du einen Job als Discokugel?«, frage ich, um das Eis zu brechen.

Jill lacht schrill los, doch Levin zeigt mir einen Vogel.

»Hast du was damit zu tun, Henry? Dann kannst du was erleben«, knurrt er wütend.

»Nicht das Geringste, ich bin völlig unschuldig!«, versichere ich ihm. Aber ich kann mir ein Grinsen nicht verkneifen, und deshalb kann es gut sein, dass er mir nicht restlos glaubt.

Jill tut so, als könnte sie kein Wässerchen trüben – und ich werde mich hüten, sie zu verpfeifen. Beste Freundinnen müssen schließlich zusammenhalten, auch wenn sie sich mal vergaloppiert haben.

Hagelschaden

Oder: Nichts ist so verrückt wie eine durchgeknallte Familie

ES BESTEHT DOCH NOCH HOFFNUNG auf Romantik! Nick ist total süß zu mir, schon die ganze Woche. Vorgestern hat er mir ein Buch über mein Idol geschenkt, die Gorillaforscherin Dian Fossey, und vorhin in der Schule hat er mich gefragt, ob ich nachher mit ihm auf den Weihnachtsmarkt gehe. Und ob ich das will!

Auf meiner Liste der romantischen Aktivitäten, die ich letztes Wochenende zusammengestellt habe, steht der gemeinsame Weihnachtsmarktbesuch – natürlich Hand in Hand – ganz weit oben. Gibt es etwas Märchenhafteres, als zwischen all den hübsch geschmückten Buden spazieren zu gehen, gebrannte Mandeln zu naschen, Punsch zu trinken und sich von der funkelnden Beleuchtung so richtig schön in Weihnachtsstimmung bringen zu lassen?

Ich gerate sogar schon auf dem Weg zum Treffpunkt ins Schwärmen, und als ich von Weitem Nicks unverwechselbare Wuschelfrisur erkenne, laufe ich unwillkürlich schneller.

Nick begrüßt mich mit einem Kuss und einer Überraschung: Er hat mir ein Lebkuchenherz gekauft! Und darauf steht nicht etwa mein Name oder *Frohes Fest*, sondern *I love you* … **Hach!**

Habe ich etwa meine Romantik-Liste offen herumliegen lassen? Das Lebkuchenherz stand da nämlich auch drauf. Außerdem dachte ich an Ruderboot fahren im Mondschein, um Mitternacht spazieren gehen, gemeinsam einen tollen Sonnenaufgang beobachten oder eine Fahrt im Heißluftballon unternehmen.

»War das deine Idee?«, frage ich überglücklich, als er mir das Herz vorsichtig um den Hals hängt.

»Klaro – wessen Idee denn sonst?«, erwidert Nick verblüfft. Okay, er hat meine Liste wohl doch nicht in die Hände bekommen.

Dann nimmt Nick meine Hand, unsere Finger verschränken sich ineinander. Obwohl es schweinekalt ist, bin ich froh, dass ich meine Handschuhe vergessen habe …

Vermutlich grinse ich so dämlich wie ein Breitmaulfrosch, während wir händchenhaltend über den Weihnachtsmarkt schlendern. Am liebsten würde ich vor Freude laut jubeln oder wenigstens die Weihnachtslieder mitsingen, die aus den Lautsprechern dröhnen. Aber mein Gesang ist leider noch bescheidener als meine sportlichen Fähigkeiten, also lasse ich es lieber.

»Hey, schau mal, wer da kommt!«, sagt Nick auf einmal und klingt hocherfreut. Ich erkenne nicht gleich, wen er meint. Vielleicht Jill und Levin? Ein Doppeldate auf dem Weihnachtsmarkt, das fände ich voll schön …

Doch aus dem Doppeldate wird leider nichts, wie mir schlagartig klar wird, denn Nicks Kumpels steuern auf uns zu. Das war's dann wohl mit der Romantik …

Es folgt das übliche Schultergeklopfe, und dafür muss Nick natürlich meine Hand loslassen. Anschließend greift er nicht mehr danach, und ich stecke meine geballten Fäuste in die Jackentaschen, damit mir die Finger nicht abfrieren.

»Kommt ihr mit zum Kettenkarussell?«, schlägt Leon vor.

»Coole Idee«, finden die anderen.

»Wollen wir auch eine Runde fahren?«, fragt Nick und wirft mir diesen Dackelblick zu, dem ich nichts abschlagen kann. Immerhin tut er so, als würde er meine Antwort abwarten.

»Ohne mich«, sage ich, »mir platzt fast der Schädel. Ich geh lieber heim, werfe eine Kopfwehtablette ein und lege mich hin.«

»Oh, du hast Kopfschmerzen? Das wusste ich gar nicht. Und du bist nicht böse, wenn ich dich nicht begleite?«

Doch, du Blödmann. Weil du bloß an dein Vergnügen mit den anderen Jungs denkst und unser romantisches Treffen damit kaputt machst.

»Kein Ding«, behaupte ich, allerdings in einem dermaßen pikierten Tonfall, dass eigentlich jeder Hornochse mitkriegen müsste, dass ich genau das Gegenteil meine. Aber Nick ist nun mal nicht **jeder** Hornochse. Sondern mein persönlicher Hornochse!

Vor lauter Ärger tut mir nun wirklich der Kopf weh, und ich bin froh, als ich die nervige Weihnachtsliederbeschallung, das Gewimmel der Menschenmenge und den Mief nach Pfannkuchen, Glühwein und Bratwürsten hinter mir lasse. **Und Nick.**

Am nächsten Tag bin ich krank. Jedenfalls ein bisschen. Ich bleibe einfach im Bett und schlafe bis mittags. Paps checkt mit der Hand-auf-die-Stirn-Methode meine Temperatur und diagnostiziert Fieber. Das kommt mir nun doch stark übertrieben vor, aber mir soll's recht sein. Ich will niemanden sehen und hören. Ich bin sauer auf Nick, und gleichzeitig ärgere ich mich über mich selbst. Warum habe ich ihm nicht klipp und klar gesagt, dass ich mir den Besuch auf dem Weihnachtsmarkt anders vorgestellt habe, nämlich ganz romantisch zu zweit und nicht inmitten einer Horde schulterklopfender, boxender, grölender Jungs?

Irgendwann bekomme ich sogar Gliederschmerzen, aber nicht, weil mich wirklich ein Virus erwischt hat, sondern vom vielen Im-Bett-Rumliegen. Also stehe ich auf und trinke eine große Tasse Tee. Dann beschließe ich, dass echtes Krankwerden vielleicht genau das Richtige für meine seelische Verfassung wäre. Und weil die Wahrscheinlichkeit, eine saftige Erkältung zu kriegen, bei dem Schmuddelwetter, das heute herrscht, ziemlich groß ist, rufe ich: »Los, wir gehen Gassi!«

Burki ist nicht besonders begeistert, denn der Wind macht ihn irgendwie nervös, und der einsetzende Nieselregen behagt ihm nicht besonders. Mir dafür aber umso mehr. Außerdem müssen Hunde nun mal raus – sie gehen schließlich nicht aufs Katzenklo.

Ich schwöre, dass ich kein bisschen darauf spekuliert habe, Jacob und Prinzessin Leia im Park zu treffen, doch als ich sie von Weitem entdecke, ist das der erste Lichtblick des heutigen Tages.

»Du schreckst aber wirklich vor gar nichts zurück«, begrüßt mich Jacob, und prompt wird der Regen stärker. Es nieselt nicht mehr, sondern es gießt. Nein, falsch: **Es hagelt!**

»Schnell, dort drüben ist ein Unterstand!«, brüllt Jacob und sprintet mit seiner Mopsdame los. Burki und ich folgen ihnen dicht auf den Fersen.

Bevor uns die richtig dicken Hagelkörner auf den Kopf fallen und wir einen Dachschaden – sozusagen einen Hagelschaden – erleiden, erreichen wir in letzter Sekunde den Unterstand.

Boah, was ist denn das für eine Klimakatastrophe?

»Da haben wir ja gerade noch mal Glück gehabt«, sagt Jacob.

»Aber echt!« Diese tischtennisballgroßen Hagelkörner möchte ich wirklich nicht abkriegen!

Da stehen wir nun also – mit nassen Hunden und nassen Haaren und der Aussicht darauf, hier eine ganze Weile ausharren zu müssen, denn der Hagel wird eher stärker als schwächer. Er prasselt auf das Dach des Unterstandes, als stünden wir unter Beschuss. Ich finde es aber gar nicht so ungemütlich, sondern sogar ganz nett, zumal Jacob wie immer bester Laune ist.

»Wo hast du eigentlich heute Vormittag gesteckt?«, fragt er unvermittelt.

Es dauert einen Augenblick, bis mir aufgeht, was er meint.

»Mir ging's nicht so gut«, erkläre ich vage. »Ist aber schon viel besser. Nett, dass du fragst.«

»Und deine kleine Schwester hatte heute wohl keine Lust, mitzukommen?«

»Tessa? Die ist meistens zu faul zum Spazierengehen, das

neulich war eine Ausnahme. Und bei solchem Wetter bringen sie keine zehn Pferde vor die Tür.«

»Meine Schwestern sind auch nicht für Hundespaziergänge zu begeistern«, sagt Jacob.

»Wie viele Schwestern hast du denn eigentlich?«

»Vier. Zwei ältere und zwei jüngere. Die kleinen sind eigentlich Halbschwestern. Meine Eltern sind geschieden, haben allerdings wieder geheiratet und dann noch mal je ein Baby bekommen. Also habe ich sozusagen auch zwei Mütter und zwei Väter, davon je ein Stiefvater und eine Stiefmutter.«

»Klingt ganz schön kompliziert«, finde ich.

»Läuft aber super«, meint Jacob.

Vielleicht ist er deshalb immer so nett und lächelt alle so an, weil er unter lauter Schwestern automatisch ein **Frauenversteher** geworden ist?

»Meine großen Schwestern verwöhnen mich ganz schön«, grinst er jetzt, »und für die Kleinen bin ich ein Held. Nicht übel, das Leben als Sandwich-Bruder.«

»Sandwich-Bruder?« Mir knurrt der Magen bei dem Stichwort. Ich hätte vielleicht doch lieber was essen sollen …

»Na ja, mittendrin eben. Wie die Frikadelle zwischen den beiden Brötchenhälften«, erklärt Jacob, und ich muss lachen, weil ich mir seine Schwestern als Hamburgerbrötchen und ihn als Bulette vorstelle.

»Und was bin ich dann? Die Tomatensoße auf der Pizza?«, kichere ich. »Erst kommt Levin – der Teigboden. Danach ich, dann Tessa als Belag und schließlich Mika, der Käse.«

Jetzt müssen wir beide lachen, und mein Appetit wird noch größer. Eine Pizza, das wäre jetzt genial!

Ob ich mich auch wie ein Sandwich-Kind fühlen würde, wenn mich zwei ältere Brüder verwöhnen und zwei jüngere bewundern würden? **Keine Ahnung.** Noch schwerer vorstellbar ist es, gar keine Geschwister zu haben, so wie Nick oder Jill.

Nick findet es bei uns so laut und voll, aber irgendwie auch lustig. Jill mag den Trubel bei uns ebenfalls. Aber um nichts in der Welt würde sie ihren Prinzessinnenstatus als Einzelkind aufgeben. Sie und ihre Mutter Elin sind wie beste Freundinnen. Hätte sie einen Haufen Geschwister, sähe ihr Alltag bestimmt etwas anders aus.

Moment!

»Ich glaub, das ist es!«, stoße ich hervor.

»Das ist **was**?«

»Die perfekte Idee für den Schreibwettbewerb: *Einzelkinder, Sandwichkinder, Pizzakinder – wie man wohl wäre, wenn die Familie, in der man lebt, anders aussähe.* Das wird mein Thema.«

Jacob ist sofort begeistert. »Genial! Und wie willst du vorgehen?«

Gute Frage. So weit war ich noch nicht mit meinen Überlegungen. Ein Geistesblitz nach dem anderen …

»An deiner Stelle würde ich eine Umfrage machen. Am besten online«, schlägt Jacob vor. »Wenn du magst, helfe ich dir, einen Fragebogen zu erstellen. Als Dank dafür, dass du den Bericht zu meinem Forschungsprojekt von peinlichen Schreibfehlern befreist. Deal?«

»Deal!«

Wenig später lässt der Hagel nach, sodass wir uns wieder hervorwagen können. Jacob kommt kurzerhand mit zu mir nach Hause und zeigt mir, wie man so ein Umfrageformular entwirft und wie man es verlinkt. Das hätte ich zwar auch allein herausgefunden, aber Jacob hat ja für sein eigenes Projekt neulich erst so eine Umfrage angelegt und kann das quasi im Schlaf. Umso besser.

»Super, danke. Jetzt muss ich mir nur noch die Fragen ausdenken«, sage ich, während er seine Jacke überzieht, um sich auf den Weg zu machen.

Doch es scheint, als müsse er noch bleiben, denn Prinzessin Leia hat sich ganz gemütlich an Burki gekuschelt und macht keine Anstalten, aufzustehen. Erst als Jacob sie mit einem Leckerli lockt, ist sie so gnädig …

Kaum sind die beiden weg, stürze ich mich auf die Arbeit. Als Paps später den Kopf ins Zimmer steckt und mich fragt, ob es mir besser geht und ob ich etwas essen möchte, weiß ich zuerst gar nicht, was er meint. **Stimmt ja,** ich habe heute krankgefeiert. Wie kindisch von mir. Ich schäme mich ein bisschen für meine Schwindelei, aber die Hühnersuppe, die Paps mir gekocht hat, schmeckt lecker! Und sie ist bestimmt um einiges gesünder als die knochentrockenen Dattel-Hirse-Kekse aus *Rapunzels Schatztruhe*, die ich nebenher genascht habe, um meinen Hunger zu bekämpfen.

Nach dieser Pause mache ich fieberhaft weiter, und als es langsam dunkel wird, steht meine Umfrage. Um sie zu testen, nehme ich einfach selbst teil. Gar nicht so einfach, meine Fragen wahrheitsgemäß zu beantworten! Ich lese alles noch einmal gründlich durch:

TEIL 1: DU UND DEINE FAMILIE

Geschlecht: **weiblich**
Alter: **15**
Anzahl der Geschwister: **3**
Anzahl der Geschwister, die älter sind: **1**
Anzahl der Geschwister, die jünger sind: **2**
Anzahl der Geschwister, die exakt gleich alt sind: **0**
Lebst du mit allen Geschwistern in einem Haushalt? **ja**
Lebst du mit beiden leiblichen Eltern in einem Haushalt? **ja**
Hast du Halbgeschwister, Stiefgeschwister, bereits erwachsene Geschwister? **nein**

TEIL 2: WAS DENKST DU ÜBER DEINE FAMILIE?

Bitte bewerte auf einer Skala von 0 bis 5, wobei 0 bedeutet »niemals«, 1 »sehr selten«, 2 »selten«, 3 »ab und zu«, 4 »regelmäßig« und 5 »fast täglich«:
Wie oft wünschst du dir, mehr Geschwister zu haben? **0**
Wie oft wünschst du dir, weniger Geschwister zu haben? **0**
Wie oft gehen dir deine Geschwister auf die Nerven? **4**
Wie oft streitest du mit deinen Geschwistern? **3**
Wenn ihr euch streitet, über welche Themen?

- Die Aufmerksamkeit der Eltern? **0**
- Die Spielsachen? **0**
- Darüber, wer recht hat? **3**
- Die Aufgaben im Haushalt? **2**
- Das Taschengeld? **0**
- Darüber, wer etwas bestimmen darf? **3**

- Das Zimmer bzw. die Größe des Zimmers? **0**
- Das, was die einen dürfen und die anderen (noch) nicht? **0**
- Sonstiges, nämlich: **nichts Wichtiges**

Wie oft lachst du mit deinen Geschwistern? **5**
Wie oft unternimmst du etwas mit deinen Geschwistern? **4**
Wie oft hast du das Gefühl, dass deine Eltern deine Geschwister bevorzugen? **2**

TEIL 3: DU IN DEINER FAMILIE

Falls du Geschwister hast: Kannst du dir vorstellen, ein Einzelkind zu sein? **nein**
Falls du Einzelkind bist: Kannst du dir vorstellen, Geschwister zu haben? **xxx**
Wenn du ältere Geschwister hast: Findest du, dass sie zu viele Privilegien haben? **nein**
Wenn du jüngere Geschwister hast: Findest du, dass sie zu sehr verwöhnt werden? **ein bisschen**
Mit wem würdest du für einen Tag tauschen – und warum?
Mit meiner Freundin. Weil ich mal ganz kurz erleben will, wie man sich als Einzelkind fühlt. Aber auf keinen Fall länger als einen Tag!

Eigentlich bin ich selbst ganz überrascht, wie zufrieden ich mit meiner Familie bin, obwohl wir doch ein ziemlich verrückter Haufen sind. Und obwohl ich in letzter Zeit so oft genervt war, weil sich alles nur noch um Mika dreht. Vor allem, wenn er sein schrilles Chipmunks-Gebrülle anstimmt. Aber wenn ich ehrlich bin, finde ich es toll, dass ich jetzt drei Geschwister habe. Und wenn ich genervt bin, liegt das manchmal vielleicht eher an mir selbst als an meinen Geschwistern … Bin mal gespannt, ob es den anderen Umfrageteilnehmern auch so geht!

Ich klicke auf »Abschicken«, woraufhin das ausgefüllte Formular direkt an meine eigene E-Mail-Adresse weitergeleitet wird.

Ganz kurz denke ich darüber nach, den Link zur Umfrage über mein Blog zu verbreiten. Aber dann poste ich ihn doch lieber auf Facebook, denn ich will nicht, dass irgendjemand meinen Wettbewerbsbeitrag mit Jette V. in Verbindung bringt – außer Nick und Jill natürlich, die ja ohnehin eingeweiht sind.

Später schaue ich noch kurz in mein Blog. Vielleicht gibt es schon Kommentare zum Peinlichkeits-Artikel? Ja, tatsächlich! Sehr cool, die Zahl der Follower wächst wieder. Und ich entdecke sogar ein paar neue Namen …

SunshineGirl schreibt:
Einmal hatten wir in der Schule »Wandertag«, aber unsere Klasse ist ins Theater gefahren. Ich hab das irgendwie nicht mitgekriegt und saß in Wanderstiefeln und Fleecepulli zwischen meinen aufgetakelten Freundinnen. Zum Glück war es während der Aufführung im Zuschauerraum dunkel … Wobei ich mich nicht gewundert hätte, wenn mein Kopf rot geleuchtet hätte.

Tschakka321 kommentiert:
Neulich war ich auf einem Geburtstag eingeladen, und meine erste Amtshandlung war, mitten in eine Chipsschüssel zu treten. Warum stand die auch auf dem Boden herum? Jedenfalls wäre ich am liebsten gleich wieder gegangen, so peinlich war mir das ...

Noch schlimmer ist mein Kindergeburtstags-Trauma: Ich habe mal so viel Kuchen gegessen, dass mir übel wurde und ich mich übergeben musste. Leider hab ich es nicht bis ins Bad geschafft, sondern nur bis kurz davor – wo ein ziemlich teurer Teppich auf dem Boden lag. Wie ihr euch wohl denken könnt, wurde ich dort nie wieder eingeladen. Ich wäre wohl auch eh nicht hingegangen ..., hat HotChili gepostet.

GiuliaDiva ist neu hier. Ihr Kommentar lautet:
»Ist der Ruf erst ruiniert, lebt es sich gänzlich ungeniert«, hat mein Opa immer gesagt. Seit sich alle dran gewöhnt haben, dass es mir piepegal ist, was andere über mich denken, geht es mir viel besser. Und dieses blöde Peinlichkeitsgefühl erlebe ich nur noch total selten.

Jamie postet auch zum ersten Mal:
Ich habe meinem Exfreund einen Liebesbrief geschrieben. Ein paar Wochen später hat er Schluss gemacht und den Brief seinen Freunden gezeigt. Alle haben sich über mein Gesülze kaputtgelacht. Das war so peinlich, dass ich fast gestorben wäre!

Das kann mir mit Nick zum Glück niemals passieren. Denn erstens bleiben wir zusammen, auch wenn es im Moment irgendwie nicht so gut läuft. Und zweitens habe ich ja auch reichlich Liebesbekenntnisse von ihm – nämlich sein Schottland-Tagebuch vom letzten Jahr. Das romantischste Geschenk aller Zeiten! Ob er das wohl jemals toppen wird?

Last Christmas

Oder: Gemischte Gefühle zum Fest der Liebe

»**WENN ICH BLOSS WÜSSTE**, was ich Mum und Paps schenken soll«, stöhne ich. Es ist zu heiß im Einkaufszentrum, ich habe Durst, und die Tüten mit den Geschenken, die ich schon gekauft habe, schneiden mir schmerzhaft in die Hände.

Weihnachtsshopping ist die Hölle! Vor allem am Samstag vor dem vierten Advent, wenn jeden zweiten Einwohner das Geschenkefieber packt.

»Wie wäre es mit handgestrickten Strümpfen? Selbst gemachten Pralinen? Oder einem Fotokalender?«

Jill ist ein Scherzkeks. Seit sie Elin mit dem Schokokuchen überrascht hat, um sich bei ihr für ihr blödes Benehmen zu entschuldigen, denkt sie wohl, jeder müsste jetzt anfangen zu basteln oder zu backen.

»Die Strümpfe, die ich stricke, würde sicher niemand anziehen wollen«, sage ich. »Und für ein Fotobuch bräuchte ich erst mal vernünftige Aufnahmen.« Die Sache mit den

Pralinen kommentiere ich gar nicht erst. Ich bin doch keine Konditorin!

Jill übrigens ebenso wenig, und sie will auch keine mehr werden. Stattdessen träumt sie neuerdings davon, später mal Reiseleiterin zu werden, und zwar vorzugsweise im Geburtsland ihrer Mutter. Mich hat sie mal wieder als ihr Versuchskaninchen auserkoren.

»Hast du dich eigentlich inzwischen entschieden, ob du über die Feiertage nach Schweden mitkommen willst? Ich könnte dir alle Sehenswürdigkeiten zeigen, dich herumführen und dir alles übersetzen«, sagt sie. Zum mindestens zwanzigsten Mal! Zuletzt hat sie mich vor zwei Stunden gefragt.

»Das klingt total verlockend«, sage ich auch diesmal, »aber Mum und Paps wären bestimmt ganz enttäuscht, wenn die Familie an Mikas erstem Weihnachtsfest nicht komplett wäre.«

Außerdem will ich unbedingt in Nicks Nähe sein und ihm mein Geschenk überreichen – ein Manuel-Neuer-Torwarttrikot und eine selbst verfasste Geschichte über einen Jungen namens Nick, der eines Tages Nationaltorhüter wird. Und natürlich will ich mich davon überraschen lassen, was er Schönes für mich ausgesucht hat. Vielleicht sogar einen Freundschaftsring? Oder einen Gutschein für eine Tour im Ruderboot? Das fände ich sooo romantisch!

Doch Jill lässt nicht locker. »Ach, menno! Das wäre bestimmt legendär! *Morfar* und *Mormor* würden sich auch total freuen. Und zu Silvester sind wir auf jeden Fall zurück«, bettelt sie.

Dass *Morfar* wörtlich übersetzt »Vater der Mutter« bedeutet und *Mormor* dementsprechend »Mutter der Mutter«, weiß ich schon seit Jahren. So ein paar Brocken Schwedisch lernt man automatisch, wenn man Jill und Elin kennt.

»Schau mal da, was für schöne Fotokalender«, weiche ich aus und deute auf das Schaufenster einer Buchhandlung. »Der wäre doch perfekt für Mum und Paps.«

Jill hilft mir bei der Auswahl, und am Ende nehme ich für Mum einen mit exotischen Früchten, für Paps einen mit Gewürzen und Kräutern – inklusive Rezepttipps – und für Oma Lydia einen mit Fotos von den Kanarischen Inseln. Schließlich hat sie unseretwegen auf ihr heiß geliebtes La Gomera verzichtet. Wenn ich mir die wunderschönen Bilder so anschaue, sehe ich ein, dass das wirklich ein Opfer war …

Am Nachmittag holt mich Nick ab. Ich dachte eigentlich, wir würden ins Kino gehen, aber Nick setzt ein geheimnisvolles Gesicht auf und sagt etwas von einer Überraschung. **Ich stehe ja voll auf Überraschungen!** Meistens jedenfalls.

Plötzlich habe ich eine Ahnung, wohin er mich bringt, und sofort schlägt mein Herz schneller: Nick steuert geradewegs auf das *Café Amore* zu, das ich bisher nur vom Hörensagen kenne. Es hat lauter gemütliche Kuschelecken für Verliebte, und überall stehen Kerzen herum. Außerdem gibt es dort angeblich die leckersten Waffeln von ganz Berlin – natürlich herzförmig …

Aber leider laufen wir an diesem Café vorbei. Zwei Straßen weiter haben wir dann Nicks Ziel erreicht. Habe ich vorhin ernsthaft behauptet, ich stehe auf Überraschungen? Nun ja, es gibt allerdings auch welche, auf die ich getrost verzichten könnte, und dazu gehört der Besuch im Billardcafé.

Billard? Also, ehrlich …

Ich weiß nicht, wie ich die blöden Stöcke halten soll, die Queue heißen, ich treffe die verflixten Kugeln damit nicht richtig, ich kapiere die Punktezählung nicht, und es ist mir vollkommen schleierhaft, wie jemand die komplizierten Folgen eines Stoßes vorherberechnen kann. Dementsprechend ahne ich schon, dass ich mit wehenden Fahnen untergehen werde, noch bevor wir überhaupt angefangen haben. Genauso hätte ich meine kompletten Ersparnisse – und das ist dank des Buchhonorars gar nicht mal so wenig – darauf wetten können, dass Nick total gut darin ist. Und das, obwohl auch er zum allerersten Mal im Leben Billard spielt. Als Fußballer hat er nun mal ein super Ballgefühl. Ganz im Gegensatz zu mir.

»Schau mal, wenn du den Arm in diesem Winkel hältst, funktioniert's besser«, sagt Nick. Er steht **sehr dicht** hinter mir und korrigiert meine Haltung. Meinetwegen könnte er noch viel länger in dieser Position bleiben. Aber dann bin ich wieder an der Reihe, und natürlich klappt es kein bisschen besser als beim ersten Versuch.

Dahinten wird schon getuschelt, vermutlich über meine armseligen Bemühungen. Mir fällt auf, dass ich das einzige Mädchen im ganzen Billardcafé bin und dass man uns ungeniert beobachtet. Sofort fühle ich mich noch viel unwohler als zuvor.

»Du, ich glaube, das ist nichts für mich«, raune ich Nick zu. »Lass uns woandershin gehen, okay?«

»Och, wir haben doch gerade erst angefangen!« Ungerührt versenkt Nick ein paar Kugeln in den Löchern, die an den

Banden des Billardtisches eingelassen sind. Keine Ahnung, wie er das hinbekommen hat.

Ich überstehe die Partie irgendwie, indem ich mich mit dem Gedanken tröste, dass Billard immer noch tausendmal besser ist als Minigolf. Oder Bowling – denn dabei ist mir mal eine superschwere Kugel auf den Fuß gefallen. **Oder Lasertag!** Außerdem ist es hier immerhin warm und trocken, und wir müssen nicht draußen rumlaufen, wo es total ungemütlich ist. Andererseits macht es nicht halb so viel Spaß, in einem beheizten Billardcafé zu sein, wie von einem sicheren Unterstand aus zu beobachten, wie fette Hagelkörner auf die Erde prasseln, und sich dabei ein ziemlich geniales Thema für eine Reportage einfallen zu lassen.

Irgendwann haben wir dieses entsetzliche Spiel, das ich natürlich haushoch verliere, hinter uns und trinken an der Bar noch eine Cola. Ich erzähle von dem Shoppingmarathon heute Vormittag und übertreibe nur ein klein wenig, als ich die Schmerzen in den Händen beschreibe, die ich den schweren Tüten verdanke.

Nick findet den ganzen Konsumrausch doof. »Ich kaufe meine Geschenke erst nach Weihnachten, da gibt es alles viel billiger.«

Ich bin bestürzt. »Aber dann kannst du mi… ich meine, dann kannst du an Weihnachten ja gar nichts verschenken!«

»Bin ja eh nicht da«, erwidert Nick beiläufig und trinkt seine Cola aus.

Ich höre wohl nicht richtig?! »Wie, du bist eh nicht da?«

»Hab ich das nicht erwähnt? Meine Eltern haben Skiurlaub gebucht. Last minute. Echt krass: Wir haben superbillige Zimmer in einem Schweizer Schickimicki-Hotel bekommen. Und ich mache einen Snowboard-Kurs. Das ist nämlich noch viel cooler als Skifahren …«

Ich fasse es nicht. Mein Freund kommt aus dem Schwärmen gar nicht mehr heraus. Und wovon er schwärmt, ist die kleine Nebensächlichkeit, dass er Weihnachten fast tausend Kilometer weit weg von mir verbringen wird. Und ich Idiotin habe seinetwegen eine Einladung nach Schweden ausgeschlagen!

»Großartig«, sage ich. Meine Stimme trieft vor Sarkasmus. Aber entweder ist er auf beiden Ohren taub, oder er hört mir gar nicht erst zu. Denn nun beschreibt er mir ausführlich seinen coolen neuen Skianzug.

Urplötzlich fängt er an zu lachen. Hab ich einen Gag verpasst? »Was ist so komisch?«, will ich wissen.

»Ach, nichts. Ich hab mir nur vorgestellt, wie du Ski fährst.«

»Was meinst du denn **damit**?«, frage ich gefährlich ruhig. Ich werde immer ganz leise, wenn ich wütend werde.

Nick kennt mich eigentlich gut genug, um das zu wissen, aber er reagiert kein bisschen darauf. Im Gegenteil, er lacht nur noch lauter. »Ich meine damit, dass du der unsportlichste Mensch auf Erden bist. Du würdest dir beim Skifahren bloß die Beine brechen. Fast ein Wunder, dass du dir eben beim Billard keinen Arm ausgekugelt hast …«

»Wie schön, dass du dich amüsierst«, kommentiere ich spitz. »Aber ich finde es ganz schön fies von dir, mich auszulachen. Weißt du was? Ich bin jetzt eh mit Jill verabredet. Wir sehen uns in der Schule. Viel Spaß noch bei der Vorstellung, wie ich mir eine schmerzhafte Verletzung zuziehe.«

Und mit diesen Worten marschiere ich hocherhobenen Kopfes in Richtung Ausgang. Dass ich beim Rausgehen stolpere und fast die Stufen nach draußen hinabstürze, hat hoffentlich niemand gesehen – vor allem Nick nicht.

Ich brauche mindestens fünf Minuten, bis ich mich abgeregt habe. Dann bin ich so weit, dass ich zwei sachliche Feststellungen treffen kann. Nämlich erstens, dass Nick **rein inhaltlich** vollkommen recht hat. Ich bin tatsächlich der unsportlichste Mensch dieses Planeten! Doch zweitens besteht ebenso wenig Zweifel daran, dass es unmöglich von Nick war, sich darüber zu amüsieren. Wenn Levin so etwas gesagt hätte, okay – Brüder dürfen das. Die sind nun mal frech zu Schwestern. Aber von meinem Freund erwarte ich keine Gemeinheiten, sondern Komplimente!

Übrigens habe ich Nick eben angeschwindelt. Denn ich bin keineswegs noch mit Jill verabredet, sondern ich wollte einfach nur weg. Da war mir jede Notlüge recht. Andererseits muss ich wirklich dringend mit Jill reden, und deshalb rufe ich sie an.

»Jill, ich hab's mir überlegt. Ich komme doch mit nach Schweden!«

Anders als erwartet, ist Jill gar nicht so begeistert, sondern klingt ziemlich kleinlaut. »Tja, Henriette, was das angeht … Elin hat vorhin die Flüge gecheckt, und leider sind sie alle ausgebucht. Sorry, gestern gab es noch welche. Wie schade, dass du erst so spät zugesagt hast, jetzt kannst du nicht mehr mit.«

Sie meint wohl: dass ich mich so spät entschieden habe …

Wie recht sie hat: Es ist verdammt schade. **Ich könnte heulen.**

Und als ich nach Hause komme, tue ich das auch. Etwa drei Minuten lang. Dann reiße ich mich zusammen und schreibe einen Blogbeitrag:

ENTSETZT. ENTGEISTERT. ENTTÄUSCHT.

Wann wart ihr zuletzt so richtig enttäuscht? Kein schönes Gefühl, oder? Man ist stinksauer, verletzt und fühlt sich irgendwie dumm. Wie fast alle Wörter, die mit der Silbe »ent« anfangen, ist auch die Enttäuschung etwas ganz und gar Negatives.

Dachte ich jedenfalls – bis vorhin … Denn da habe ich mich intensiver mit diesem Gefühl befasst. Und dabei ist mir klar geworden, dass es auch etwas Positives hat. Schließlich kann man nur enttäuscht werden, wenn man sich vorher getäuscht hat! Was bedeutet: Wer nicht enttäuscht wird, täuscht sich bloß noch länger. Was doch eigentlich viel übler ist, oder?

Im Grunde sollte man sich also freuen, wenn man Enttäuschung verspürt. Tja, theoretisch jedenfalls. Rein praktisch ist es wie anfangs gesagt: einfach nur ein scheußliches Gefühl …

Noch nie habe ich einen Blogbeitrag so schnell geschrieben. In gerade mal zwanzig Minuten ist er fertig und online auf *Was ich wirklich wissen will – Jette V. berichtet über allerhand Spannendes.*

Nach dem Abendessen verpacke ich die Geschenke, die ich am Vormittag gekauft habe. Und weil ich meine neugierigen Geschwister kenne, stopfe ich alle in einen Rucksack und verfrachte ihn rüber zu Oma Lydia. Ihre Wohnung ist das perfekte Versteck dafür!

»Keine Sorge, unter meinem Bett findet niemand deinen Rucksack«, grinst sie und verschwindet damit in ihrem Schlafzimmer.

Ich will mich schon wieder verdrücken, als sie mir unvermittelt auf den Zahn fühlt. »Spuck's aus, Jettekind. Welche Laus ist dir heute über die Leber gelaufen?«

Eigentlich wollte ich gar nicht darüber reden. Aber jetzt, da sie mich direkt darauf anspricht, sprudelt es nur so aus mir heraus, und ich erzähle ihr einfach alles. Von meiner Beschattung, dem Lasertag-Geheimnis, dem schrecklichen Billardspiel, Nicks Bemerkungen über meine Unsportlichkeit, seinem Skiurlaub und der Tatsache, dass die Flüge nach Schweden ausgebucht sind.

»Es ist wie verhext«, klage ich. »Ich habe alles versucht, um unsere Beziehung romantischer zu machen, aber es will einfach nicht funktionieren!«

Oma hört mit ernster Miene zu, dann schüttelt sie den Kopf und meint, so etwas könne man nun mal nicht erzwingen. »Romantik kommt von selbst, wenn man verliebt ist. Wer auf Wolke sieben schwebt, für den ist alles total aufregend, auch wenn man schweigend nebeneinandersitzt. Oder Billard spielt …«

Und dann fragt sie mich, warum ich denn eigentlich noch mit Nick zusammen bin.

»Du beklagst dich in letzter Zeit doch sowieso nur über ihn. Er hat keine Zeit für dich, ist total unromantisch, benimmt sich eher wie ein Kumpel oder ein Bruder – und nicht, als ob er so richtig verliebt wäre. Bist **du** es denn überhaupt noch?«

Ähm. Mit dieser Frage habe ich jetzt nicht gerechnet.

Ich will schon empört **Aber natürlich bin ich das!** rufen, aber dann zögere ich. Weil ich mir gar nicht mehr sicher bin, ob das wirklich stimmt. Ich schweige.

»Denk in Ruhe darüber nach«, sagt Oma sanft und streicht mir über den Kopf. »Das Wichtigste ist, dass du ehrlich zu dir selbst bist.«

Urplötzlich schießen mir Tränen in die Augen. Und ich werde sauer. Auf Nick. Und auf mich selbst. Gemeinerweise lasse ich meine Wut an Oma Lydia aus, indem ich mich abrupt abwende.

»Ehrlichkeit, genau, das ist wichtig. Damit kennst **du** dich ja so richtig gut aus«, stoße ich hervor, dann verlasse ich fluchtartig ihre Wohnung.

Am nächsten Morgen darf ich die vierte Kerze am Adventskranz anzünden. Paps hat den Frühstückstisch so reichhaltig gedeckt, dass er sich fast biegt. Es duftet nach frischen Brötchen, Kaffee und Tee, Zimtwaffeln und Rühreiern. Mum vermisst vermutlich ihre heiß geliebten Sprossen, die Kresse und das Müsli, aber trotzdem genießt sie das wunderbare Frühstück.

Mika liegt in seiner Wiege und schläft, Levin serviert die Getränke, Tessa legt eine Weihnachts-CD auf, und ich sitze mittendrin. Irgendwie bin ich nur so halb wach. Viel geschlafen habe ich heute Nacht nämlich nicht. Oma hat mir echt was zum Grübeln mitgegeben.

Warum bin ich eigentlich noch mit Nick zusammen? Bin ich wirklich noch verliebt in ihn – und er in mich? Außerdem habe ich ein ganz schön schlechtes Gewissen, weil ich so gemein zu Oma Lydia war.

Aus den Lautsprechern ertönt gerade *Last Christmas.* Ich frage mich, ob das wohl das letzte Weihnachtsfest wird, das Nick und ich als Paar erleben, und muss mich beherrschen, um bei diesem Gedanken nicht in Tränen auszubrechen.

Aber vielleicht bin ich auch einfach nur unausgeschlafen und sehe deshalb alles viel zu schwarz? Ich bin fast sicher, dass ich ihn noch liebe. Er braucht eben seine Freiräume. Und ich brauche mehr Zweisamkeit und Romantik. Das können wir hinkriegen im neuen Jahr. Und das werden wir auch – das ist mein guter Vorsatz für 2017 ...

In diesem Moment öffnet sich die Tür, und Oma Lydia kommt herein. Ich zucke zusammen: Ob sie wohl ärgerlich auf mich ist wegen meiner vorlauten Bemerkung gestern Abend? Doch sie zwinkert mir zu, und ich atme erleichtert auf. Erst da fällt mir auf, dass sie den **Saunamann** im Schlepptau hat.

»Hallo, Oma! Hi, Gunnar!«, begrüße ich die beiden.

»Aber Henriette!«, ermahnt mich Mum. »Du kannst doch Omas … Handwerker nicht einfach duzen!« Und dann wendet sie sich an Gunnar: »Wie außergewöhnlich, dass Sie sogar am Sonntag arbeiten, Herr …?«

»Mein Name ist Gunnar Franzen«, erwidert er. »Und dass Henriette mich duzt, ist vollkommen in Ordnung.«

»Ganz genau«, fällt ihm Oma ins Wort, »denn ihr müsst

wissen: Gunnar ist nicht nur der Handwerker, der meine Sauna eingebaut hat, die übrigens längst in Betrieb ist. Nein, er ist auch mein neuer Partner. Henriette hat mir klargemacht, dass die Heimlichtuerei ein Ende haben muss. Also – jetzt wisst ihr alle Bescheid.«

Was folgt, ist ein fast unwirklicher Moment des Schweigens. Alle außer Mika und mir starren Oma Lydia an, als hätte sie gerade verkündet, Burkhard wäre ein verzauberter Märchenprinz.

Mum klappt vor Überraschung der Unterkiefer herunter.

»Partner?«, echot sie, nachdem sie ihre Fassung halbwegs wiedergewonnen hat. »Im Sinne von Geschäftspartner?«

»Nein, liebe Eva, keineswegs«, antwortet Oma Lydia langsam und deutlich, als wäre Mum ein etwas zurückgebliebenes Kleinkind. »Gunnar ist mein Freund. Lebensabschnittsgefährte. Lover …«

»Mutter!«, unterbricht Mum sie mit schriller Stimme. »Du weißt ja nicht, was du da redest.«

»Oh doch, liebes Töchterlein, das weiß ich ganz genau. Gunnar und ich sind ein Paar. Hiermit ist es offiziell. Am besten, du gewöhnst dich möglichst schnell an den Gedanken. Wenn du weiterhin so streng aus der Wäsche guckst, bekommst du ganz unschöne Stirnfalten.«

»Aber … ist das nicht ein bisschen überstürzt?«, wendet Mum ein, und ihr Tonfall macht deutlich, dass sie vielmehr **pubertär** meint.

»Genau, und was werden die Leute denken?«, lacht Oma. »Liebes Kind, bleib cool. Es ist **mein** Leben. Du solltest dich für mich freuen!«

Mum ist ganz und gar nicht cool. Oma Lydia dafür umso mehr. Ich grinse breit und bin aus irgendeinem Grund wahnsinnig stolz auf sie. In diesem Moment zwinkert sie mir erneut zu. Ich zwinkere zurück. Wir sind echt ein gutes Team, Oma Lydia und ich!

09 Mädelstag

Oder: Höchste Zeit, Mum gehörig den Kopf zu waschen!

IRGENDWIE BIN ICH FROH, als die Weihnachtsfeiertage vorbei sind. Und gleichzeitig bin ich ganz schön traurig darüber, dass ich mich deswegen so erleichtert fühle. Denn das zeigt wohl, dass ich endgültig kein Kind mehr bin.

Ich fand es wahnsinnig beeindruckend, wie sehr sich Tessa auf Heiligabend gefreut hat! Ob dieses Gefühl für mich wohl für immer der Vergangenheit angehört?

Okay, diesmal gab es so einige Dinge, die meine Laune getrübt haben. Zum einen habe ich Jill wahnsinnig vermisst – und Nick ebenfalls, jedenfalls ein bisschen. Zum anderen herrschte zwischen Mum und Oma noch immer dicke Luft. Wie soll man da bitte in Weihnachtsstimmung kommen?

Auf der Positiv-Seite standen das leckere – total körnerfreie – Festessen und natürlich die Geschenke. Sogar Nick hat mir vor seiner Abreise ein Päckchen vorbeigebracht. Wenigstens hat er seine blöde **Nach-Weihnachten-ist-alles-billiger-Strategie** für mich aufgegeben. Die petrolfarbene Laptoptasche, die er mir geschenkt hat, gefällt mir auch mindestens so gut wie ihm das Manuel-Neuer-Trikot.

Aber das alles reichte nicht, um mich die zwischenmenschliche Katastrophe vergessen zu lassen. Zumal Mum jedes Mal eine eisige Miene gemacht hat, wann immer Gunnar den Raum betreten hat oder auch nur sein Name erwähnt wurde.

Oh Mann, wenn das die Erwachsenen-Version von Weihnachten ist, dann ist es schrecklich, dass ich schon fünfzehn bin. **Echt!**

Warum kann Mum so schwer akzeptieren, dass Oma in Gunnar verliebt ist? Und das, obwohl Weihnachten doch das **Fest der Liebe** sein soll …

Nachdenklich schaue ich aus dem Fenster. Omas Wagen biegt gerade in den Hof ein. Sie steigt aus und schleppt einen riesigen Einkaufskorb in ihre Wohnung. Die Autotür hat sie offen stehen lassen, vermutlich weil sie nicht alle Einkäufe auf einmal tragen konnte.

Ich ziehe schnell einen Fleecepulli über und laufe hinaus, um ihr zu helfen. Wie vermutet, entdecke ich noch Milch, Brot und Waschpulver auf dem Beifahrersitz.

»Lieferservice«, rufe ich, als ich Omas bunte Hippiewohnung betrete.

»Ach, wie lieb von dir, Jettekind«, sagt Oma, und obwohl sie lächelt, hat sie ganz traurige Augen.

»Alles okay mit dir und Gunnar?«, frage ich vorsichtshalber. Aber Oma hat keinen Liebeskummer, wie sie mir versichert. »Alles bestens!«, behauptet sie.

Okay, das trifft vielleicht auf ihre Beziehung mit dem Saunamann zu. Aber **alles** ist garantiert nicht in Ordnung. Und ich kann mir auch denken, was los ist. Oma Lydia macht es richtig viel aus, wie kühl Mum sie über die Feiertage behandelt hat.

»Und bei dir?«, dreht Oma den Spieß um. »Du wirkst noch nachdenklicher als sonst.«

Ich gebe zu, dass Weihnachten in diesem Jahr für mich endgültig seinen Zauber verloren hat. Und dass ich fürchte, es wird immer schlimmer, je älter ich werde.

Da muss Oma lachen. »Keine Sorge, spätestens wenn du selbst einmal Kinder und Enkelkinder hast, kommt sie wieder, die große Weihnachtsfreude.«

Auf dem Rückweg werfe ich einen Blick durch das Schaufenster von *Rapunzels Schatztruhe*. Es sind gerade keine Kunden da. Ohne lange nachzudenken, reiße ich die Tür auf. Wie eine Rächerin aus einem Western stehe ich auf der Schwelle und werfe Mum einen wilden Blick zu, während von draußen vereinzelte Schneeflocken hereingeweht werden. Es fehlen nur noch ein paar geheimnisvolle Mundharmonika-Klänge, und schon wäre die Filmszene perfekt.

»Bitte schließ die Tür, Henriette, es ist ja eiskalt!« Mum macht ihr strenges Pädagoginnengesicht, das ziemlich einschüchternd wirken kann, aber heute bin ich immun dagegen. Ich bleibe noch mindestens eine halbe Minute reglos stehen, bevor ich die Tür mit einem Fußtritt ins Schloss kicke und mich ihr langsam nähere.

»Bist du denn von allen guten Geistern verlassen?«, tadelt mich Mum. »Wir sind doch hier nicht bei den Hottentotten.«

Ich nehme mir vor, später zu recherchieren, wer oder was

diese **Hottentotten** wohl genau sind. Doch im Moment spielt das keine Rolle. Stattdessen sammele ich mich und nehme meinen ganzen Mut zusammen. Es dauert eine Weile, bis ich so weit bin. Mum will gerade mit ihren Ermahnungen fortfahren, doch da räuspere ich mich endlich und lege los.

»Ich finde das ziemlich fies von dir«, sage ich mit fester Stimme.

Mum wirkt leicht irritiert. Ich nutze ihre Verblüffung, und noch ehe sie wieder bei Sinnen ist und mich unterbrechen kann, fahre ich fort, **ihr die Meinung zu sagen**. Denn genau das tue ich. Ohne mir darüber Gedanken zu machen, was mir anschließend womöglich blüht, fordere ich von Mum, nicht so egoistisch zu sein.

»Eltern sind immer peinlich, vor allem wenn sie verliebt sind. Aber da musst du jetzt eben durch«, erkläre ich und verschränke meine Arme vor der Brust. »Oma Lydia ist supertraurig, weil du es ihr nicht gönnst, glücklich zu sein.«

Heftig atmend stehe ich vor Mum und erwarte ihren Wutausbruch.

Und tatsächlich wird sie erst ganz rot im Gesicht und direkt im Anschluss kreideweiß. Sie schnaubt wie ein Stier, bevor er auf das berühmte rote Tuch zurast. Und dann spurtet sie los. **Direkt auf mich zu!** Mist, warum habe ich ausgerechnet meinen **roten** Fleecepulli angezogen?

In letzter Sekunde weiche ich zur Seite und habe gerade noch mal Glück: Mum flitzt an mir vorbei, hinaus aus dem Laden. Die Tür steht offen und schwingt leicht quietschend in den Angeln.

Was ist denn mit der los? Neugierig strecke ich den Kopf

hinaus und schaue mich um, aber Mum scheint sich in Luft aufgelöst zu haben.

Kopfschüttelnd mache ich mich auf den Weg in mein Zimmer, um mich meinem Schreibprojekt zu widmen. Höchste Zeit, mal wieder die eingegangenen Geschwister-Fragebögen zu checken und auszuwerten.

Beim letzten Mal, als ich nachgesehen habe, waren es erst sieben Teilnehmer. Inzwischen sind es dreiundvierzig. Wow!

Ich drucke die Bögen aus und überfliege die Antworten zu Teil eins der Fragen. Einunddreißig davon stammen von Mädchen zwischen elf und sechzehn Jahren, aber einige Jungs haben auch mitgemacht, was mich besonders freut. Über die Hälfte der Teilnehmer hat Geschwister, davon immerhin ein Drittel mehrere. Es sind dreizehn Sandwichkinder dabei und acht Nesthäkchen. Knapp ein Drittel lebt nicht mit beiden Eltern zusammen. Mit anderen Worten: Die Mischung ist perfekt!

Ich überlege gerade, ob ich Jacob eine SMS zum aktuellen Stand meiner Umfrage schreiben soll, als mein Blick aus dem Fenster fällt und ich Zeugin eines historischen Augenblicks werde: Arm in Arm verlassen Mum und Oma Lydia Omas Wohnung und steigen feierlich die Treppe hinab.

Ich drücke mir fast die Nase an der Scheibe platt, um ganz genau zu beobachten, wie sich die beiden verstohlen die Augen wischen. Selbst über die Entfernung hinweg erkenne ich eindeutig, dass sie geweint haben. Gleichzeitig strahlen sie wie Honigkuchenpferde. Und das tue ich auch, denn irgendwie scheine ich es mit meiner ungeplanten Gardinenpredigt geschafft zu haben, Mums Gefühlspanzer zu knacken und sie zur Einsicht zu bringen …

»Du, Henry, machen wir heute unseren Spaßtag?«, unterbricht Tessa meine Beobachtungen. Wie so oft hat sie mein Zimmer betreten, ohne zu klopfen, aber ich kann ihr diesmal nicht böse sein.

»Heute ist der perfekte Tag dafür!«, antworte ich gut gelaunt. Die Fragebögen können warten …

Beim Mittagessen sitzt Oma Lydia mit uns am Tisch. Es gibt Spaghetti mit selbst gemachter Tomatensoße und Salat – ein Gericht, das Paps mittlerweile richtig gut draufhat und das dank der frischen Tomaten und des Salats keinerlei mütterliche Grimassen auslöst.

Als ich verkünde, dass wir einen Mädelsnachmittag planen, wechseln Mum und Oma einen raschen Blick und rufen dann: »**Geniale Idee!** Dürfen wir mitkommen?«

Ich muss lachen. »Das muss Tessa entscheiden.«

Die ist sofort begeistert. »Au ja, vier Mädels, das ist ja doppelt so lustig wie zu zweit!«

»Levin, hältst du heute Nachmittag die Stellung im Laden?«, wendet sich Mum an mein völlig überrumpeltes Bruderherz, dem außer **oh** und **ähm** nichts dazu einfällt. Daraufhin ruft sie: »Du bist ein Schatz!«, und die Sache ist besiegelt.

Wir beeilen uns mit dem Essen. Paps ist noch dabei, den Tisch abzuräumen, als wir schon abmarschbereit sind.

»Na, ihr habt's aber eilig«, grinst er.

»Wir haben schließlich was zu feiern«, erklärt Mum, und Oma ergänzt: »Und dafür ist es allerhöchste Zeit.«

Es wird ein richtig toller Tag. Und das, obwohl Tessa – wie ich es ihr versprochen habe – die ganze Zeit bestimmen darf, was wir unternehmen.

»Mamiküre«, fordert sie zuallererst.

»Mami-waaas?«, fragt Mum ungläubig.

»Das heißt Maniküre«, korrigiere ich meine kleine Schwester. »Auf zum Nagelstudio!«

Eine Stunde später verlassen wir *Vanessa's beautiful Nails* mit metallic blau lackierten Fingernägeln und gründlich eingecremten Händen.

»Und jetzt möchte ich zum Weihnachtsmarkt«, verlangt Tessa.

»Weihnachten ist doch schon vorbei«, wendet Mum ein.

»Inzwischen heißt er Silvestermarkt«, klärt Oma sie auf. »Neuer Name, gleiche Veranstaltung.«

Mum murmelt ein paar grimmige Bemerkungen über skrupellose Geschäftemacherei, aber dann lässt sie sich den Punsch und die gebrannten Mandeln doch schmecken.

»Schaut mal, blaue Nikolausmützen, die passen perfekt zu unserem Nagellack«, quiekt Tessa begeistert.

Mum will schon wieder einwenden, dass Weihnachten doch längst vorbei ist, aber ich erinnere sie daran, dass Tessa heute Narrenfreiheit hat. Außerdem sind die Mützen um die Hälfte reduziert.

»Man sollte euren Mädelstag in **Blautag** umbenennen«, begrüßt uns Paps amüsiert, als wir am Abend wieder zu Hause aufkreuzen – nun auch mit blau verfärbten Mündern, denn Tessa hat darauf bestanden, dass wir uns mit einer widerlich süßen, mit Lebensmittelfarbe »verschönerten« Limonade erfrischen. Kaum zu fassen, dass Mum sie tatsächlich getrunken hat! Ich hätte mich nicht gewundert, wenn sie sich geweigert hätte. Aber Oma Lydia hat ihr einen so strengen Blick zugeworfen, wie ich ihn ihr nie zugetraut hätte, und der hat prompt gewirkt.

»Du ahnst ja nicht, wie recht du mit dem **Blautag** hast«, stöhnt Mum. »Warte, bis du meine Hämatome siehst.«

Ja, tatsächlich: Wir haben nämlich nicht nur blaue Fingernägel, Mützen und Münder, sondern auch allerhand blaue Flecken. Tessa hat ihre Drohung wahr gemacht und auf einer Runde Eishockey bestanden. Gemeinerweise hat sie Oma Lydia in ihr Team gewählt, die von uns allen die Sportlichste ist. Die beiden haben haushoch gegen Mum und mich gewonnen.

Paps muss sehr lachen, als wir mit unserem Bericht fertig sind. Er wirkt bestens gelaunt und völlig entspannt. Kaum zu fassen, dass er vor etwa einem Jahr noch kurz vor dem Zusammenbruch stand. Ob es nun ein *Burn-out* war, auf das er damals zusteuerte, oder doch eher eine *Midlife-Crisis*, wie Jill vermutet hat, werden wir wohl nie herausfinden. Auf jeden Fall hatte Paps damals die Nase voll von seinem Alltag und träumte davon, die Alpen zu überqueren oder die Welt zu umsegeln. Mit anderen Worten: Es stand **sehr, sehr schlecht** um ihn.

Erst als Mum mit Mika schwanger wurde und Paps beschloss, das Erziehungsjahr zu übernehmen, war diese kritische Phase vorbei. **Zum Glück!**

An diesem Abend komme ich mit der Auswertung der Fragebögen ein gutes Stück voran. Sehr interessant, was die Teilnehmer meiner Umfrage so über ihr Leben als Schwestern, Brüder oder Einzelkinder zu sagen haben.

Ich für meinen Teil weiß ganz sicher, dass ich wahnsinnig froh bin, Geschwister zu haben. Tessa ist zwar manchmal ein bisschen nervig, aber auch witzig und sehr lieb – um keinen Preis der Welt würde ich sie hergeben.

Der kleine Mika hat die Stimmung in unserer Familie allein durch seine Geburt verbessert.

Und Levin … Nun ja, der Badezimmerblockierer verhält sich längst nicht mehr so furchtbar wie früher. Außerdem ist er ziemlich verliebt in meine beste Freundin – so übel kann er demnach nicht sein.

Die Frage, wie ich mich wohl als Einzelkind fühlen würde, beantwortet sich quasi von selbst: ganz schön einsam. Andererseits fühlen sich auch die meisten Einzelkinder, die an meiner Umfrage teilgenommen haben, rundum wohl … Und mir ginge es vermutlich ebenso, wenn ich keine Geschwister hätte. Wenn Levin, Tessa und Mika nie geboren worden wären, könnten sie mir schließlich nicht fehlen, oder? Ich finde diesen Gedanken ziemlich traurig – aber zugleich irgendwie tröstlich.

Und so formuliere ich einen vorläufige Schlusssatz für meinen Wettbewerbsaufsatz: »Seine Familie kann man sich nicht aussuchen. Doch man kann sich dafür entscheiden, das Beste draus zu machen …«

Bevor ich schlafen gehe, schaue ich noch rasch nach, ob es neue Kommentare zu meinem Artikel zum Thema Enttäuschung gibt. Erstaunlicherweise hat ausgerechnet dieser Blogbeitrag, den ich fast ohne Recherche und mehr oder weniger spontan geschrieben habe, eine so ausführliche Diskussion entfacht wie noch nie.

Ungefähr die Hälfte meiner Leserinnen hasst es, enttäuscht zu werden, und findet daran rein gar nichts Positives. Die andere Hälfte stimmt mir zu, dass das schmerzhafte Ende einer Täuschung immer noch besser als eine dauerhafte Täuschung ist.

Gespannt lese ich, was SuperBella hinzugefügt hat:
Weißt du was, Jette? Die größte Enttäuschung in letzter Zeit warst du. Warum hast du dein Blog bloß verändert? Wen soll ich denn nun fragen, wenn ich Liebeskummer habe oder in Gefühlsdingen Tipps brauche? Etwa meine Mutter? Die sagt dann doch wieder nur, ich soll mich lieber auf meine Schularbeiten konzentrieren ... Dabei sind die sooo langweilig! Dein neues Blog finde ich übrigens auch nicht viel interessanter ...

Autsch! Das tut weh. Aber ich werde ganz bestimmt nicht wieder zur Kummerkastentrulla werden, nur damit diese SuperBella zufrieden ist. Obwohl ich für ungefähr eine Millisekunde darüber nachdenke.

Als ich später im Bett liege und nicht einschlafen kann, gehen mir allerdings ganz andere Gedanken durch den Kopf. Zum Beispiel:

Ob wohl Nick schon an meiner Umfrage teilgenommen hat? Einer der Fragebögen passt verblüffend gut auf ihn.

Und ob er mich in seinem blöden Skiurlaub wohl vermissst? Gemeldet hat er sich seit seiner Merry-Christmas-Nachricht an Heiligabend nicht mehr.

Doch die alles entscheidende Frage lautet nach wie vor: Hat unsere Beziehung wirklich noch eine Zukunft?

Tja. Mit der Arbeit an meinem Projekt und einem lustigen Mädelstag schaffe ich es zwar, mich für ein paar Stunden von meiner akuten Gefühlsverwirrung abzulenken – aber sobald ich nichts mehr zu tun habe, bin ich den trüben Gedanken schutzlos ausgeliefert.

Ganz ehrlich? Zum ersten Mal erwarte ich das neue Jahr nicht voller Vorfreude und Spannung, sondern fürchte mich vor dem, was es wohl bringen mag.

Vermutlich ist das so mit **fünfzehn plus**.

Ich hasse es!

10 Neujahrsdurchblick

Oder: Mein Albtraum vom Valentinstag

FREUDESTRAHLEND REISSE ICH die Tür auf und breite meine Arme aus, um Nick um den Hals zu fallen. Doch statt mich zu drücken und zu küssen, jongliert der mit zwei Fußbällen vor meiner Nase rum.

Was ist denn das für eine seltsame Vorführung? Will er mich mit dieser schrägen Nummer überraschen? Ist sie etwa Teil seines Valentinsgeschenks?

»Und gleichzeitig kann ich noch das ABC rülpsen«, ruft er jetzt und tritt auch sofort den Beweis für seine Behauptung an.

Als er beim F angelangt ist, unterbreche ich ihn, indem ich seine blöden Fußbälle wegboxe und ihn frage, ob er sie noch alle hat.

»Hey, dafür hab ich stundenlang geübt!«, beklagt er sich.

»Weißt du überhaupt, was für ein Tag heute ist?«, frage ich streng und verschränke die Arme vor meiner Brust.

»Logisch, weiß ich das. Montag! Nein, halt – Freitag. Oder doch Mittwoch? Übrigens kann ich auch die Wochentage rülpsen, willst du mal hören?«

Nein, will ich nicht!

»Es ist Valentinstag«, teile ich ihm mit. »Der romantischste Tag überhaupt für verliebte Paare, falls dir das was sagt.«

Nick glotzt mich mit seinem Dackelblick an, der mich normalerweise zum Lachen bringt. Diesmal nicht.

»Du hast es also vergessen. Dabei weißt du doch genau, wie sehr ich mich auf einen romantischen Valentinstag mit dir gefreut habe. Ich wüsste wirklich gerne, ob du mich überhaupt noch liebst!«

Jetzt müsste er sich eigentlich verlegen am Kopf kratzen, herumdrucksen und tief beschämt um Verzeihung bitten.

Und tatsächlich: Er kratzt sich am Kopf. Er druckst auch herum. Aber was er dann sagt, hat mit einer Entschuldigung wenig zu tun und mit feierlichen Liebesschwüren noch weniger.

»Na ja, nicht so richtig«, murmelt er.

»Wie bitte?« Ich traue meinen Ohren nicht.

»Ehrlich gesagt, bin ich nicht mehr so richtig verknallt in dich. Eigentlich überhaupt nicht mehr. Natürlich mag ich dich noch sehr, aber mehr so wie … eine **Schwester**.«

»Eine Schwester?«, echoe ich völlig entgeistert. Das ist ja wohl das Letzte!

»Ich kann übrigens auch alle Verwandtschaftsbezeichnungen rülpsen, willst du mal hören?«, grinst Nick unpassenderweise und legt los: »Bruder, Schwester, Tante …« Seine Stimme verwandelt sich in eine schrille Sirene.

Wimmernd halte ich mir die Ohren zu und presse die Augen fest zusammen, damit ich ihn nicht mehr sehen und hören muss. Doch alles wird noch viel schlimmer, denn ich spüre warmen Atem im Gesicht und dann eine feuchte Zunge, die mich abschlabbert. Soll das etwa ein Abschiedskuss sein? Igitt!

Die Sirene und das Geschlabber hören auch nicht auf, als ich erschrocken die Augen aufreiße. Es dauert ein paar Sekunden, bis ich mich orientiere und den schrillen Ton als Mikas nächtliches Hungergebrüll identifiziere. Die Schlabberzunge gehört natürlich Burki, der garantiert gespürt hat, dass ich einen Albtraum hatte, und mich trösten wollte. Die treue Seele!

Wenn Burki ein Mensch wäre, würde er garantiert nie so etwas Wichtiges wie den Valentinstag vergessen.

Dann wird mir klar, dass auch Nick ihn nicht vergessen hat – jedenfalls **noch** nicht. Denn heute ist nicht der 14. Februar, sondern der 1. Januar. Neujahrsmorgen! Besser gesagt: Neujahrsnacht. Der Wecker zeigt gerade mal 3:27 Uhr an, also nicht mal halb vier.

Wenn man bedenkt, dass ich erst um kurz vor zwei ins Bett gegangen bin, ist es geradezu ein Wunder, dass ich nicht sofort wieder in meine Kissen sinke und weiterschlafe. Stattdessen sitze ich mit pochendem Herzen aufrecht im Bett und versuche meine Gedanken zu sortieren.

Das war bloß ein böser Traum, Henriette!

Dieser Gedanke sollte mich eigentlich beruhigen. Tut er aber nicht. Stattdessen frage ich mich, warum um alles in der Welt ich so einen **Schrott** träume! Was will mein Unterbewusstsein mir damit sagen?

Ich fröstele. Es ist bitterkalt geworden in der Silvesternacht, außerdem bin ich todmüde, und meine Decke muss mir vorhin heruntergerutscht sein. Ich kuschele mich ein und denke an Nick, der jetzt vermutlich in seinem Schickimicki-Wintersporthotel schlummert und bestimmt keine Albträume hat.

Grübelt er womöglich ebenfalls über unsere Beziehung nach? Wohl eher nicht. Ich kann mir kaum vorstellen, dass er an meinen Gefühlen für ihn zweifelt, denn schließlich sind die …

Na ja. Über jeden Zweifel erhaben.

Oder etwa doch nicht? Nick ist der süßeste, netteste, liebevollste Junge, den ich mir vorstellen kann. Ich mag ihn unheimlich.

Ach, du Schande! Was hab ich da gerade gedacht? Ich **mag** ihn … Nicht: Ich **liebe** ihn? Das muss ein Versehen gewesen sein. Oder?

»Burki, hilf mir, ich bin total verwirrt!«, stöhne ich laut, woraufhin ich ein herzhaftes Hundegähnen ernte. Immerhin kuschelt sich Burkhard in meine Arme und wärmt mich ein bisschen. Jedenfalls äußerlich. Innerlich ist mir auf einmal eiskalt geworden. Denn die Erkenntnis trifft mich wie ein Schock:

Ich bin tatsächlich nicht mehr in Nick verliebt!

Auf diesen Schreck hin brauche ich etwas Tröstliches. Ich stehe auf, ziehe meinen Fleecepulli über und schleiche hinunter in die Küche, wo noch die Überreste der Silvesterfeier darauf warten, weggeräumt zu werden. Ich mache mir eine heiße Milch mit Honig und Zimt, denn Zimt soll ja die Glückshormone anregen, und warme Honigmilch macht angeblich müde. Hoffen wir mal, dass das keine Ammenmärchen sind.

Während ich die leckere Milch schlürfe, denke ich zurück

an die Party. Wir haben alle zusammen gefeiert – die ganze Familie inklusive des Saunamanns. Jill und Elin, die seit vorgestern aus Schweden zurück sind, waren natürlich auch dabei.

Nur Nick hat gefehlt. Aber hat er das wirklich? Ich habe zwar ein paarmal an ihn gedacht, doch wirklich nicht oft.

Wir hatten aber auch so viel Spaß! Nachdem wir vom Fondue pappsatt waren, haben wir stundenlang *Tabu* gespielt. Ich war mit Oma, Gunnar und Tessa im Team. Vermutlich hätten wir ziemlich deutlich gegen Mum, Paps, Jill und Levin verloren, wenn Jill nicht dauernd versucht hätte, die zu erratenden Begriffe pantomimisch darzustellen, was ja verboten ist, weshalb ihr Team jede Menge Strafpunkte bekam. Da nützte es wenig, dass Mum und Paps perfekt aufeinander eingespielt sind und meist nur wenige Worte brauchen, um einen Begriff so zu erklären, dass der andere ihn errät.

Fast hätten sich Levin und Jill dann noch in die Haare gekriegt!

»Jetzt hör doch endlich mal auf mit deiner blöden Fuchtelei«, hat der Badezimmerblockierer sie angepflaumt.

Aber Jill hat nur gemeint, er solle mal lieber den Ball flach halten, schließlich sei das Ganze doch bloß ein Spiel. Wobei sie die Begriffe *Ball* und *flach halten* ebenfalls mit Gesten untermalte. Anschließend hat sie ihr neues Berufsziel verkündet:

»Ich will nämlich später mal Gebärdensprachdolmetscherin werden, wisst ihr? Und weil ich mitten im Training dafür bin, kann ich jetzt einfach nicht raus aus meiner Haut«, hat sie theatralisch geseufzt.

Das hat einen kollektiven Lachanfall ausgelöst. Vor allem, weil sie beim Wort *Training* eine Boxbewegung angedeutet und beim Wort *Haut* mit zwei Fingern eine kleine Hautfalte auf dem Rücken der anderen Hand zusammenquetscht hat – was wohl etwas zu fest war, denn sie schloss gleich ein erschrockenes »Aua!« an.

Zuerst war Jill ein bisschen eingeschnappt, aber dann hat sie doch mitgelacht. Und selbst Levin, der sonst ein megaschlechter Verlierer ist, fand es nicht weiter schlimm, dass unser Team schließlich das Spiel für sich entschieden hat.

Kurz gesagt: Es war ein superschöner Silvesterabend, und wenn man mich fragen würde, ob ich Nick sehr vermisst habe, müsste ich wohl antworten: **Eigentlich nicht**.

Weil ich meine Honigmilch ausgetrunken habe, mein Gedankenkarussell jetzt aber erst so richtig Fahrt aufnimmt und daher ohnehin nicht mehr an Schlaf zu denken ist, beschließe ich, Heinzelmännchen zu spielen und ein bisschen aufzuräumen. Oma behauptet nämlich, Hausarbeit sei meditativ. Mal testen, ob sie recht hat.

Ich sammele erst mal die gebrauchten Papierservietten, die leeren Chipstüten und die Flaschenverschlüsse ein und verfrachte alles in einen Müllsack. Dann krempele ich die Ärmel hoch und lasse Spülwasser ein, um die empfindlichen Gläser abzuwaschen, die nicht in die Spülmaschine dürfen.

Ich wüsste zu gern, wie Jill *empfindliche Gläser* pantomimisch darstellen würde, und muss grinsten. Sie ist wirklich eine verrückte Nudel! Ich bin froh, dass sie meine beste Freundin ist. Und ein bisschen auch, dass sie mit Levin zusammen ist, obwohl das unsere Freundschaft erst einmal verkompliziert hat. Inzwischen verstehen wir uns aber wieder bombig, während die Beziehung zwischen Jill und Levin nach wie vor ziemlich wechselhaft ist. Irgendwie schwankt sie permanent zwischen Drama und Harmonie pur. Ganz schön anstrengend.

Und obwohl mein Bruderherz mir gegenüber ein echter Armleuchter sein kann, muss ich zugeben, dass an den Beziehungskrisen meistens Jills Launen schuld sind.

Während ich die Gläser abtrockne, denke ich darüber nach, was Jill wohl sagen wird, wenn ich ihr erzähle, dass ich nicht mehr in Nick verliebt bin und dass mich das unglaublich traurig macht. Bestimmt wird sie mich trösten.

Wie unterschiedlich Jill und ich doch eigentlich sind! Sie redet gern und viel, liebt es, im Mittelpunkt zu stehen, ist total sportlich und hat ständig neue Zukunftspläne. Ich grübele dauernd vor mich hin, punkte in der Schule eher durch schriftliche als durch mündliche Leistungen und bin eine absolute Niete im Sport.

Wer weiß, ob ich mich mit ihr angefreundet hätte, wenn ich sie erst mit fünfzehn getroffen hätte. Aber zum Glück kennen wir uns ja schon unser ganzes Leben, und wenn man so lange befreundet ist, machen einem auch die Macken des anderen nichts mehr aus. Nichts kann verhindern, dass wir auf ewig befreundet bleiben, da bin ich mir ganz sicher!

Gerade als ich fertig bin mit dem Abtrocknen, vibriert mein Handy in der Kängurutasche meines Fleecepullis. Eine Nachricht von Jill! Als hätte sie gespürt, dass ich an sie denke … Neugierig schaue ich nach, was sie geschrieben hat:

Hab ich dir eigentlich dieses Jahr schon gesagt, wie froh ich bin, eine Freundin wie dich zu haben? Nur ungefähr sieben Mal zwischen Mitternacht und dem

Ende der Party? Dann wird's ja höchste Zeit, es dir noch mal zu schreiben ... Zumal ich sowieso nicht schlafen kann. Ich denke darüber nach, was das neue Jahr wohl bringen mag. Irgendwie habe ich das Gefühl, dass uns etwas wahnsinnig Aufregendes bevorsteht! Ich drück dich, Süße! Hdgdl! Knuuuuutsch, Jill :)

Ich muss grinsen. Jill ist einfach klasse! Ich schreibe rasch zurück, dass ich ebenfalls wach bin und gerade an sie gedacht habe. Und dass ich zwar keine Ahnung habe, ob das neue Jahr aufregend wird oder nicht, für mich aber eins feststeht: Sie ist und bleibt meine BFF, und solange das so ist, kann mir die Zukunft keine Angst machen. **Uuuund abschicken!**

Bevor ich das Smartphone wieder wegstecke, fällt mein Blick auf die zuvor eingegangene Nachricht. Sie ist von Nick. Pünktlich um Mitternacht hat er mir Silvestergrüße geschickt:

Hi Henriette, hier knallen gerade die ersten Raketen. Prost Neujahr! Ich hoffe, es wird ein gutes! Bis bald, ich freu mich ... Dein Nick

Süß, dass sein erster Gedanke im neuen Jahr mir galt. Andererseits ist seine Nachricht ungefähr so emotional wie das Garantiezertifikat meines Laptops. Vor allem im Vergleich zu Jills gefühlsduseliger Liebeserklärung schneidet Nicks unromantischer Gruß ziemlich schlecht ab.

Ich stelle mir vor, Jills Nachricht wäre von Nick – und schon sähe die Welt ganz anders aus. Mir ist inzwischen klar, was mir in unserer Beziehung fehlt: Wir reden zu wenig über Gefühle. Und zwar alle beide. Ich bin auch nicht gerade der Typ für so etwas, umso wichtiger wäre es wohl, einen Freund zu haben, der in dieser Hinsicht ein wenig Jill-mäßiger ist.

Ich gähne. Die heiße Milch mit Honig und das meditative Geschirrspülen zeigen endlich Wirkung. Darum schlurfe ich zurück ins Bett, in das ich mich einfach hineinplumpsen lasse – mitsamt dem Fleecepulli. Ich bin einfach zu müde und zu faul, um ihn auszuziehen. Aber zugleich bin ich wahnsinnig erleichtert, denn ich habe das Gefühl, eine superschwere Matheaufgabe endlich gelöst zu haben.

Irgendwie geht es mir exakt so wie Nick in meinem Traum vorhin, denke ich im Einschlafen. Ich mag ihn unheimlich, nur eher so wie einen Bruder …

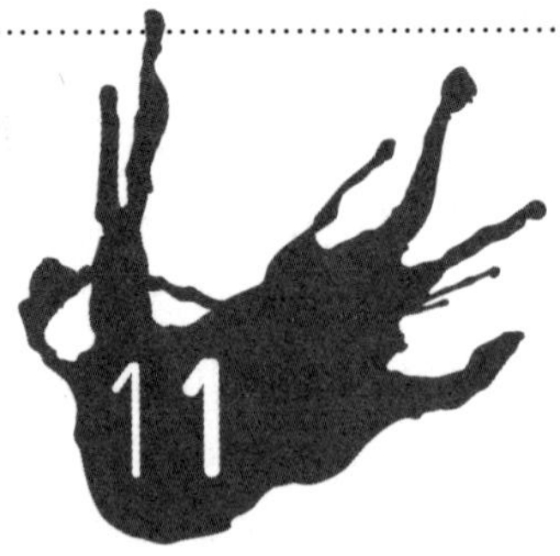

11 Statusänderung

Oder: Einfach nur beste Freunde – diesmal wirklich?

HEUTE KOMMT MIR das Mittagessen vor, als wäre es meine Henkersmahlzeit, und das, obwohl es Lachs-Spinat-Lasagne gibt, eins meiner Lieblingsgerichte. Aber momentan würde mir wohl gar nichts so richtig schmecken, denn es ist der letzte Ferientag. Nick müsste, wenn alles nach Plan läuft, vor ziemlich genau zehn Minuten in Berlin gelandet sein. Und das bedeutet, dass ich ihn heute noch treffen und das Unvermeidliche hinter mich bringen muss. Das zwischen uns muss unbedingt geklärt werden, bevor wir uns morgen in der Schule treffen …

Ich habe Angst davor, ihm *reinen Wein einzuschenken*, wie Oma Lydia sagen würde. Beziehungsweise: wie Oma auch tatsächlich gesagt hat, als ich ihr am Neujahrsmorgen – nach einem langen Spaziergang mit Burkhard – mein Herz ausgeschüttet habe.

»Beziehungen verändern sich nun mal. Wenn man Glück hat, verwandelt sich Verliebtheit in Liebe. Und manchmal in

Freundschaft«, hat Oma gesagt, während sie mir einen Chai Latte mit vielen Glücksgewürzen darin zauberte. »Im ersten Moment ist das ziemlich traurig, aber auf lange Sicht ist so eine Freundschaft doch etwas Wunderbares und Wertvolles. **Wenn** man es schafft, die Trennung einigermaßen harmonisch über die Bühne zu bringen. Ohne Vorwürfe und Gemeinheiten, oder noch schlimmer: Lügen und Ausflüchte.«

Oh Mann, und wie soll ich das bloß hinkriegen? Was, wenn ich alles kaputt mache? Am Ende kann Nick mich überhaupt nicht mehr leiden, und dann ist es nicht mal mehr eine Kumpelfreundschaft …

»Am liebsten wäre ich noch verliebt in Nick«, habe ich geantwortet.

»Gefühle kann man nun mal nicht erzwingen«, hat Oma gesagt und mir lächelnd den Chai rübergeschoben. »Und manchmal lassen sie sich erst gar nicht eindeutig identifizieren. Du hast dich viel zu lange darauf konzentriert, eure Beziehung romantischer zu machen. Dabei hast du gar nicht bemerkt, dass da gar kein Platz mehr für Romantik ist.«

In dem Moment kam mir das alles wahnsinnig logisch vor und ich mir selbst ziemlich reif. Ich war mir über meine veränderten Gefühle immerhin im Klaren, das schaffen längst nicht alle Erwachsenen.

Davon ist inzwischen leider nicht mehr das Geringste übrig. Stattdessen habe ich einfach **nur noch Schiss!**

Nach dem Essen – beziehungsweise Nicht-Essen, was mich angeht – schaue ich noch kurz bei Oma vorbei, damit sie mir Mut macht. Sie verstaut gerade zwei Paar Langlaufskier auf dem Dach ihres Autos, während Gunnar zwei gigantische Reisetaschen in den Kofferraum wuchtet.

Ach, stimmt ja, die beiden wollen für ein paar Tage verreisen. Natürlich wünsche ich ihnen viel Spaß, wobei mir persönlich unbegreiflich ist, dass man bei körperlicher Anstrengung im Kalten welchen haben kann.

»Na, alles klar, Jettekind?«, ruft Oma strahlend. Doch dann registriert sie meine gequälte Miene und kommt rüber, um mich zu umarmen. »Ist es heute so weit?«

Ich nicke und berichte von meinem **Schlussmach-Lampenfieber**.

»Wer hat denn mal darüber gebloggt, die nächste Beziehung lieber selbst zu beenden, als abserviert zu werden?«, neckt Oma mich, aber ihre Augen sind mitfühlend und liebevoll.

Ich ziehe eine Grimasse, als ich an meinen Artikel denke, den ich geschrieben habe, kurz nachdem Nick sich vor seinem Schottland-Aufenthalt von mir getrennt hat und ich am Boden zerstört war. Meine Theorie war damals, dass selber Schluss machen weniger schmerzhaft ist. Ich hatte ja keine Ahnung …

Am besten, ich ziehe mir etwas an, was ihm überhaupt nicht gefällt, überlege ich auf dem Rückweg in mein Zimmer. Den gelben Pulli, der mich so blass macht, dass ich darin aussehe, als hätte ich die Magen-Darm-Grippe. Und dazu mache ich mir Zöpfe, die er total kindisch findet. Das wird ihm die Trennung erleichtern.

Kaum bin ich umgezogen, kommt mir ein ganz neuer Gedanke: Was, wenn er heute gar keine Zeit hat, mich zu treffen? Fast wünsche ich mir, dass Nick auf meine SMS antwortet, er hätte schon was anderes vor. Aber bereits zwei Minuten nachdem ich ihm geschrieben habe, macht mein Smartphone **Pling,** und ich lese:

> **Hi Henriette, bin gerade daheim angekommen. Passt gut, dass du vorbeikommen willst. Ich hab eine Überraschung für dich! Bis gleich, dein Nick**

Verflixt! Damit hat sich meine einzig denkbare Ausrede in Luft aufgelöst … Und was er wohl mit **Überraschung** meint? Hoffentlich ist es nicht irgendeine Art von **Liebeserklärung**. Es ist auch so schon kompliziert genug …

Omas Worte klingen noch in meinen Ohren: Auf lange Sicht ist so eine Freundschaft doch etwas Wunderbares und Wertvolles. Wenn man es schafft, die Trennung einigermaßen harmonisch über die Bühne zu bringen … Nicht zu vergessen: Wer hat denn mal darüber gebloggt, die nächste Beziehung lieber selbst zu beenden, als abserviert zu werden?

Kurz entschlossen lese ich den besagten Blogbeitrag. Es ist über ein Jahr her, dass ich ihn geschrieben habe, und das meiste davon habe ich längst vergessen. Worauf Oma Lydia angespielt hat, war der letzte Absatz:

Daher mein Tipp:

Einfach die Beziehung selbst beenden, bevor er es tut! Ja, das ist wirklich die einzige Lösung. Denn egal, auf welche Art und Weise er sich von dir trennt, ob per Schockmethode oder langsam und schonend, es wird schrecklich sein.

Puh, was war ich damals doch für ein Kindskopf! Umso verblüffender ist, dass es nun tatsächlich genauso kommt: Ich bin diejenige, die unsere Beziehung beendet.

In einem Punkt hatte mein jüngeres bloggendes Ich garantiert recht: Es wird **schrecklich** sein. Besonders, wenn man den anderen noch mag und ihn auf keinen Fall verletzen will.

Deshalb werde ich anschließend eine große Portion Trost nötig haben.

Ich schreibe eine Nachricht an Jill und kündige an, dass ich später bei ihr vorbeikomme, falls sie zu Hause ist und Zeit für mich hat. Außerdem frage ich, ob sie allein ist, weil ich nämlich ihre ungeteilte Aufmerksamkeit brauche – und vielleicht auch das eine oder andere Papiertaschentuch.

Klar bin ich da, Süße. Erwarte dich mit Zimtschnecken, Kakao und einer Rolle vierlagigem Toilettenpapier. Alles wird gut! Jill XXX

Sie ist so ein Schatz! Die meisten anderen hätten gefragt, was denn überhaupt passiert ist. Jill dagegen ist einfach für mich da. Und vermutlich ahnt sie sowieso, was los ist …

Nachdem auch meine **Anschlussbetreuung** geklärt ist, fällt mir nichts mehr ein, womit ich mein Vorhaben weiter aufschieben könnte. Also mache ich mich endlich auf den Weg zu Nick. Natürlich nicht mit dem Bus, sondern zu Fuß. Das dauert länger.

Tatsächlich spaziere ich so gemächlich, als hätte man mir Beruhigungsmittel verpasst. Wenn ich noch mehr trödeln wollte, müsste ich wohl stehen bleiben. Und trotzdem ist es irgendwann so weit: Ich stehe vor dem Haus, in dem Nick wohnt, und würde am liebsten weglaufen.

Warum eigentlich? Weil ich ein **Feigling** bin? Nicht nur deswegen, wird mir jetzt klar. Sondern vor allem, weil ich fürchte, dass Nick völlig zusammenbricht, wenn er hört, was ich ihm zu sagen habe. Ich muss es ihm möglichst schonend beibringen!

Aber wie? Statt mich umzuziehen, alte Blogbeiträge zu lesen und dämliche Umwege zu laufen, hätte ich mir besser überlegen sollen, **was genau** ich sagen will.

Dafür ist es jetzt nämlich zu spät, denn noch bevor ich geklingelt habe, reißt Nick die Haustür auf und strahlt mich an.

»Hey, da bist du ja endlich! Komm rein.«

Er ist richtig braun geworden.

»Sicher, dass du in den Bergen warst und nicht in der Karibik?«, frage ich, um das Eis zu brechen.

»Ganz sicher. Die Wintersonne hat ganz schön Power, vor allem wenn man von morgens bis abends auf der Piste ist. Und falls du immer noch zweifelst: Ich hab Beweisfotos«, lacht er.

Dann fragt er, ob ich was trinken mag.

Ich überlege kurz, ihn um einen Tee zu bitten, weil mir das einen weiteren Aufschub verschaffen würde, aber dann schüttele ich bloß den Kopf.

»Warte, bin gleich zurück«, sagt Nick dennoch und flitzt in Richtung Küche davon. Kurz darauf kommt er mit einem kleinen Einkaufstütchen wieder. »Für dich. Die Überraschung. Nur eine Kleinigkeit.«

Hoffentlich nichts Romantisches!

Ein Freundschaftsring ist es schon mal nicht, dafür ist die Verpackung zu groß. Und auch sonst ist es nichts, was mich irgendwie gefühlsduselig machen könnte. In der Tüte steckt: ein Schweizer Käse!

»Original Emmentaler«, erklärt er. »Du weißt schon – der mit den vielen Löchern. Den magst du doch, oder?«

»Aber klar«, bekräftige ich. Käse mag ich in so ziemlich allen Variationen. Vor allem ist Käse zwar ein nettes Mitbringsel, aber definitiv kein Liebesbeweis. Nicht auszudenken, was gewesen wäre, wenn …

»Was ist los?«, fragt Nick alarmiert. »Gefällt dir meine Überraschung nicht?«

Ups, da hat mich wohl mein Gesichtsausdruck verraten. »Doch, klar, ich freue mich«, versichere ich schnell. »Fragt sich nur, ob dir **meine Überraschung** gefallen wird. Ich fürchte nämlich nicht.«

Nick zieht die Stirn kraus und fährt sich durch seine Wuschelmähne – eine Geste, die ich so an ihm mag. »Was ist los mit dir, Henriette?«

Und da erzähle ich ihm von meinem Albtraum in der Neujahrsnacht. Mit allem Drum und Dran. Inklusive des vergessenen Valentinstags und der Sache mit der verschwundenen Liebe.

Stumm hört Nick zu. »Aber … das war doch nur ein Traum«, sagt er, als ich fertig bin, und lächelt sein unnachahmliches, schiefes Nick-Lächeln.

Ich schaffe es einfach nicht, dem forschenden Blick seiner Bernsteinaugen auszuweichen, und fast wäre ich wieder schwach geworden – aber eben nur fast.

»Na ja«, murmele ich. »Es ist vielleicht nicht nur im Traum so, sondern auch in Wirklichkeit – nur umgekehrt.«

Nick starrt mich an, als hätte ich gerade gekräht wie ein Hahn – oder chinesisch gesprochen. Ganz offensichtlich steht er auf dem Schlauch. Oder tut er nur so? Will er mich etwa quälen? Muss ich also unbedingt aussprechen, wie es um mich steht?

Gerade als ich meinen Mund öffne, um etwas zu sagen, breche ich unvermittelt in Tränen aus.

»Mensch, Jette, was hast du bloß?«, ruft Nick erschrocken und nimmt mich in den Arm.

Heulend wie ein Schlosshund klammere ich mich an ihn. »Meine Gefü-hü-hühle haben si-hi-hich verändert«, schluchze ich.

Es dauert geschlagene fünf Minuten, bis ich – unterbrochen von Tränenströmen und Schnäuzpausen – mit der Sprache herausgerückt bin. »Ich mag dich wie verrückt … wie einen Bruder. Aber, na ja, ich bi-hi-hiiiin nicht mehr in dich ve-he-herlie-hie-hiiiiiebt.«

So. Nun weiß er es. Wenn er mich jetzt loslässt und von sich stößt, würde es mich nicht wundern.

Doch das tut er nicht. Stattdessen streichelt er mir über den Rücken, bis ich mich einigermaßen beruhigt habe. Als ich mich dann endlich von ihm löse, fährt er sich über die Augen, die irgendwie verdächtig glänzen. Hat er etwa auch geweint?

»Schon gut«, murmelt er, »mir geht's ja genauso.«

Na also, hab ich mir's doch gedacht. Er hat auch gewei…

Moooment! Er redet nicht von seinen Tränen. Sondern von seinen Gefühlen!

»Dir … dir geht's genauso?«, frage ich ungläubig. »Es ist echt wie in meinem Traum?«

Er nickt.

»Das heißt, wir machen tatsächlich Schluss?«, frage ich mit zittriger Stimme.

»Wenn mich nicht alles täuscht, hast du das eben schon erledigt«, stellt Nick nüchtern fest und entlockt mir damit das erste Grinsen seit Ewigkeiten.

»Kumpelfreundschaft?«, fragt er fast schüchtern.

»Auf jeden Fall!«, sage ich erleichtert. »Kumpelfreundschaft!«

»Ihr wollt einfach nur Freunde bleiben? Ernsthaft?« Jill ist ziemlich entgeistert.

»Jepp«, bestätige ich forscher, als mir zumute ist. »Ziemlich beste Exfreunde. Diesmal wirklich.«

»Das ist so traurig!«

Hilfe, hoffentlich fängt Jill nicht auch noch an zu flennen. Für heute sind genug Tränen geflossen, und ich bin froh, dass ich mich einigermaßen beruhigt habe.

»Was du jetzt brauchst, ist ein **Eins-a-beste-Freundinnen-Programm**«, verkündet Jill nach einer Weile.

Zimtschnecken und Waldbeerlimonade standen schon bereit, als ich ankam. Was sie wohl außerdem in petto hat?

»Trennungen sind immer supertraurig, auch wenn man sich freiwillig dafür entschieden hat und hinterher befreundet bleibt«, doziert Jill. »Du brauchst ein bisschen Ablenkung. Lass uns einen Film ansehen. Irgendwas Lustiges, okay?«

Genau so hab ich mir das vorgestellt!

Ja, Trennungen sind die Hölle. Ich könnte permanent heulen. Aber Jill lässt mich nicht! Stattdessen tröstet sie mich, lenkt mich ab, bringt mich zum Lachen und sucht exakt den richtigen Film aus, um mich auf andere Gedanken zu bringen: *Pitch Perfect.* Eine harmlose Komödie, in der es um einen College-Chor-Wettbewerb geht. Mit toller Musik und einer echt witzigen Handlung. Für anderthalb Stunden vergesse ich fast völlig, was heute passiert ist.

Stattdessen erinnert mich der Film an meinen Schreibwettbewerb und mein Geschwisterthema. Insgeheim erweitere ich die Fragestellung: Wie wäre mein Leben ohne eine Freundin wie Jill? Die Antwort ist eindeutig: **Undenkbar!** Und ohne Nick? Genauso mies. Ich bin superfroh, ihn nicht verloren zu haben. Als Kumpel. Als besten Freund. Als den ersten Jungen, mit dem ich jemals zusammen war.

Mist, gleich heule ich schon wieder los …

»Hey, Henriette, ich hab eine geniale Idee«, platzt es in diesem Moment aus Jill heraus: »Wie wäre es, wenn wir in den Sommerferien zusammen nach Schweden fahren? Nur wir beide. Keine Ausreden, okay? Weißt du, im Sommer wird es dort so gut wie niemals dunkel. Das ist so was von krass. Was sagst du dazu?«

Meine Tränen trocknen sofort. Und ich antworte, ohne auch nur eine Sekunde nachzudenken: »Ich bin dabei!«

Oh Mann, das wird bestimmt **legendär!** Schade, dass es noch ein halbes Jahr dauert bis zu den Sommerferien …

12 Deadline

Oder: Aus Jette V. wird Marie Nebel

»DU HAST DICH JA ziemlich schnell getröstet«, sagt Nick nach Schulschluss. Er wirkt fast ein bisschen beleidigt und schaut stirnrunzelnd Jacob hinterher, der gerade in Richtung Treppenhaus verschwindet. »Seit wann stehst du denn auf Typen mit Nerd-Brille?«

Mist. Nick muss mitbekommen habe, wie wir uns eben für heute Nachmittag verabredet haben – und natürlich hat er das dann in den falschen Hals bekommen.

»Wir wollen bloß die Präsentation für sein Forschungsprojekt durchgehen«, beeile ich mich zu erklären. »Ich hab versprochen, Jacob dabei zu helfen, weil er in Deutsch nicht gerade eine Leuchte ist.«

Die schriftliche Projektbeschreibung muss er nämlich morgen schon abgeben, und am Freitagnachmittag findet in der Aula die Vorstellung aller Teilnehmer statt. Sämtliche Lehrer, Schüler und Eltern sind dazu eingeladen. Die Schulband wird spielen, und Floriane Kettering, eine ziemlich bekannte Radiosprecherin, die früher selbst Schülerin in unserer **Bil-**

dungsanstalt war, wurde engagiert, um die Veranstaltung zu moderieren. Das Ganze wird eine richtig große Sache!

»So, so, ihr wollt also sein **Forschungsprojekt** durchgehen«, wiederholt Nick vielsagend, als wäre damit etwas ziemlich Zweideutiges gemeint. Was natürlich absolut lächerlich ist!

»Genau das tun wir«, bekräftige ich. »Jacob hat mir dabei geholfen, die Umfrage für meinen Beitrag im Schreibwettbewerb einzurichten, und ich revanchiere mich dafür, indem ich seine Präsentation korrigiere. Das ist alles!«

Und vor allem ist es die reine Wahrheit. Warum klingt meine Stimme dann so unsicher? Für Nick muss es sich anhören wie eine blöde Ausrede. Vor lauter Ärger bekomme ich jetzt auch noch eine rote Birne, und mein Herz klopft ganz schnell.

»Und wie lange geht das schon mit euch beiden?«, bohrt Nick weiter.

Wie bitte? Hat er überhaupt zugehört? »Aber wir sind doch gar nicht …«

»Kein Problem, meinen Segen habt ihr«, meint er und versenkt die Hände in seinen Hosentaschen. Das macht er immer, wenn er cooler wirken will, als er ist.

Da endlich wird mir klar, was hier los ist. »Bist du etwa eifersüchtig?«, platze ich heraus.

Unfassbar – ich scheine voll ins Schwarze getroffen zu haben, denn Nick macht ein betroffenes Gesicht und kratzt sich verlegen am Kopf.

Doch dann verzieht sich sein Mund zu einem breiten Grinsen, und er gibt mir einen freundschaftlichen Klaps auf den

Oberarm, der glücklicherweise deutlich sanfter ist als die Boxhiebe, die er sonst mit seinen Kumpels austauscht.

»Reingefallen!«, lacht er. »Du hättest dein Gesicht sehen sollen, einfach zum Schießen.«

Ähm – und was genau soll daran so lächerlich sein? Etwa die Vorstellung, ich könnte auf einen anderen Jungen stehen?

»Du bist also nicht eifersüchtig?«

»Natürlich nicht, das war bloß ein Scherz. Wir sind doch beste Freunde, schon vergessen?«

Erleichtert falle ich in sein Gelächter mit ein. Es liegt bestimmt an der doofen Akustik im Schulgebäude, dass meine Stimme dabei ein bisschen schrill klingt.

Jacob klingelt pünktlich auf die Minute. In der einen Hand hat er eine Laptoptasche, unter dem anderen Arm hält er seinen Fahrradhelm. In dieser Hinsicht ist Jacob echt kompromisslos: Weder Wind und Regen noch Eis und Schnee können ihn vom Radfahren abhalten.

»Hi, da bin ich«, sagt er überflüssigerweise.

»Komm rein«, erwidere ich und führe ihn in mein Zimmer. Blöderweise wird mir in diesem Moment klar, dass Jacob – von Nick und Levin einmal abgesehen – der erste Junge ist, der je diesen Raum betreten hat, und **schwups,** werde ich ganz verlegen.

Großartiges Timing! Wann werde ich es endlich lernen, meine Gedankensprünge zu beherrschen? Wenigstens so unpassende wie diesen – dass Jacob ein Junge ist, spielt schließlich im Zusammenhang mit unserem Vorhaben nicht die geringste Rolle. Hätte Olivia, Sophie oder Anne mich um Hilfe gebeten, wäre das doch dasselbe in Grün! Außerdem ist er ja nicht zum ersten Mal hier – damals, als er mir die Sache mit dem Fragebogen erklärt hat, bin ich ja auch nicht rot geworden. Das ist echt unlogisch!

Hoffentlich merkt Jacob nicht, wie durcheinander ich gerade bin. Der müsste ja denken, ich wäre völlig plemplem …

»Ganz schön kalt hier drin«, meint Jacob stattdessen.

»Stimmt«, muss ich zugeben. Bis eben war ich bei Paps und Mika im Wohnzimmer und habe gelesen. Dort hat der Kaminofen für kuschelige Wärme gesorgt. Hier dagegen ist es total ungemütlich.

»Ich dreh die Heizung mal höher«, sage ich, aber sie steht bereits auf höchster Stufe – trotzdem fühlt sich der Heizkörper eisig an.

»Das ist definitiv nicht normal«, stelle ich fest. »Ich glaube, das sollte Paps sich mal anschauen.«

Der kann meine Diagnose allerdings nur bestätigen. »Der Kessel streikt vermutlich«, meint er. »Keine Ahnung, wie man ihn wieder in Gang kriegt – da muss wohl ein Spezialist ran.«

»Warum fragst du nicht Tim? Der ist doch Heizungsmechaniker«, schlage ich vor.

»Elins Freund? Echt? Das ist ja super!«

Fünf Minuten später hat Paps nicht nur mit Elin telefoniert, sondern auch schon mit Tim vereinbart, dass er so bald wie möglich vorbeikommt. Allerdings ist er gerade noch auf einer anderen Baustelle.

»Tim kann frühestens in zwei Stunden hier sein«, verkündet Paps. »Wenn ihr wollt, könnt ihr euch zu uns ins Wohnzimmer setzen, dort ist es schön warm.«

Ich will schon zustimmen, als Mikas unverwechselbares Sirenengebrüll ertönt. **Rabäääääääää!**

»Lieber nicht«, sage ich schnell, bevor Jacob womöglich auf die Idee kommt, das süße Baby eigenhändig zu füttern oder zu wickeln. Dafür haben wir heute keine Zeit, denn Jacobs Präsentation umfasst, wie er mir vorhin gestanden hat, zwanzig Folien und seine ausführliche Projektbeschreibung fünfzehn ganze Seiten. Die Abbildungen nicht mitgezählt. »Ich habe eine bessere Idee.«

»Hallo, Jettekind. Und willkommen, Jacob! Schön, dich wiederzusehen«, begrüßt uns Oma Lydia.

Ich habe ganz vergessen, dass sich die beiden schon kennen. Oma hat ja neulich Jacobs Fragebogen ausgefüllt. Ihre Angaben sind also in sein Forschungsergebnis mit eingeflossen. Sicher findet sie es spannend, zu erfahren, was dabei herausgekommen ist.

»Klar könnt ihr hier arbeiten«, meint sie, nachdem ich ihr die Situation geschildert habe. »Wer friert, kann sich bekanntlich nicht konzentrieren. Wer Hunger hat, ebenso wenig. Habt ihr Lust auf Cupcakes? Ich habe gerade ein neues Rezept ausprobiert.«

Jacobs Gesicht ist Antwort genug. Seine Augen leuchten, und er strahlt bis über beide Ohren.

»Dachte ich's mir doch«, stellt Oma zufrieden fest und zwinkert mir vielsagend zu. Oh nein, ich ahne, was sie denkt. Jacob und ich? Nein, da ist sie auf dem völlig falschen Dampfer …

Insgesamt verputzt Jacob dann fünf Cupcakes, und ich

schaffe drei, allerdings nicht in einem Rutsch, sondern über zweieinhalb Stunden verteilt. So lange sitzen wir nämlich an Jacobs Dateien.

»Deine Rechtschreibung ist ja wirklich abenteuerlich«, rufe ich ein ums andere Mal – immer wenn ich wieder über einen besonders exotischen Fehler stolpere.

»Du kannst nicht behaupten, ich hätte dich nicht gewarnt«, erwidert Jacob trocken, und ich muss lachen.

Noch katastrophaler als seine Orthografie ist seine Zeichensetzung. Manche Sätze muss ich mehrmals lesen, bis ich ahne, welcher Sinn sich dahinter verbirgt. Doch nachdem ich ein paar überflüssige Kommas an völlig absurden Stellen gestrichen und einige andere gesetzt habe, wird klar, was Jacob sagen will.

Und das ist, so viel muss ich zugeben, ganz schön interessant. Denn er hat herausgefunden, dass die Erinnerung der Befragten zum Thema *Klima früher und heute* herzlich wenig mit der Realität zu tun hat. Die offiziellen Wetteraufzeichnungen beweisen klar und deutlich, dass auch vor vielen Jahren eine weiße Weihnacht eher die Ausnahme und nicht jeder Juli superheiß war, sondern es immer mal wieder durchwachsene Sommer gab. Während vor allem ältere Umfrageteilnehmer behauptet haben, dass in ihrer Jugend die Winter kälter und die Sommer wärmer waren als heute, sagt die Statistik etwas völlig anderes.

»Verblüffend«, staunt Oma Lydia, als Jacob ihr probeweise seine Präsentation vorführt.

»Damit wirst du – Achtung, Wortspiel! – **Begeisterungsstürme** auslösen«, da ist sie sich sicher.

»Genau – und den anderen wird vor Schreck das Blut in den Adern **gefrieren**, weil ihnen dämmert, dass sie keine Chance gegen dich haben«, ergänze ich.

»Hauptsache, es **hagelt** keine Kritik«, grinst Jacob.

Beim Stichwort »Hagel« muss ich an unser Treffen im Park denken, bei dem wir uns gerade noch rechtzeitig zu dem Unterstand retten konnten, wo ich dann den **Geistesblitz** für mein Geschwisterthema bekam.

»Wann musst du eigentlich deinen Wettbewerbsbeitrag fertig haben?«, fragt Jacob urplötzlich, während er seine Sachen zusammenpackt. Als könnte er Gedanken lesen! »Die Deadline dafür müsste doch auch bald sein.«

»Deadline? Das klingt ja krass«, finde ich.

»Meine Mutter redet ständig von Deadlines. Sie arbeitet in einer Werbeagentur, und dort gibt's für alles eine englische Bezeichnung, sogar für drohende Abgabetermine.«

Verstehe. Er redet also gar nicht wirklich von einer Todeslinie. Da hätte ich mich ja beinahe ganz schön blamiert … Zum Glück habe ich nicht zugegeben, dass mir der Begriff bis eben nicht das Geringste gesagt hat.

»Ich muss spätestens nächsten Montag abgeben, aber eigentlich bin ich seit ein paar Tagen fertig mit meinem Text. Wenn ich ihn später noch mal durchlese und er mir nach wie vor gefällt, schicke ich ihn vielleicht heute Abend schon ab.«

»Bestimmt gefällt er dir noch«, meint Jacob und schultert seine Laptoptasche. »Ich muss dann mal los. Tausend Dank für heute, Henriette, du hast was gut bei mir.«

»Aaaaach!«, mache ich und winke verlegen ab. »Du hast mir doch schließlich auch geholfen.«

»Ja, allerdings hat das nur ein paar Minuten gedauert, während du mit meinen Fehlern stundenlang beschäftigt warst.«

Das stimmt. Aber ich habe das gern gemacht. Zumal ich ohne Jacob garantiert nie auf das Thema für meinen Wettbewerbsbeitrag gekommen wäre …

»Klopf-klopf – bekommen wir zwei Tassen von deinem sensationellen Kräutertee?«, unterbricht uns da ein Neuankömmling vor der Tür. Genauer gesagt sind es zwei Neuankömmlinge: Gunnar vorneweg, dicht gefolgt von einer gut gelaunten Mum.

»Feierabend!«, ruft sie und reibt sich die Hände. »Gunnar war mein letzter Kunde für heute. Er hat nicht nur meinen kompletten Pastinaken-Vorrat leer gekauft, sondern mich auch auf die Idee gebracht, eine Portion *Sonne im Herzen* zu genießen.«

»Sonne im Herzen? Ist das ein Wetterphänomen?«, fragt Jacob neugierig.

»Nein, eine Kräutermischung von Omas Hippie-Freunden«, kläre ich ihn strahlend auf, denn ich bin einfach nur **happy**, dass sich Mum und Oma wieder so gut vertragen. Und dass Mum inzwischen sogar Gunnar zu mögen scheint.

Oma Lydia ergänzt: »Daraus zaubere ich meinen La-Gomera-Gedächtnis-Tee. Mögt ihr auch eine Tasse?«

Doch Jacob will sich jetzt lieber auf den Heimweg machen, und ich lehne ebenfalls ab. Ich möchte meinen Geschwister-Aufsatz noch einmal durchgehen. Außerdem freue ich mich über die Wärme, die mich zu Hause empfängt.

»Die Heizung funktioniert wieder. War nur eine Kleinigkeit, sagt Tim. Er ist echt ein Pfundskerl! Wollte nicht mal

Geld für seine Arbeit«, begrüßt mich Paps. »Und dann hat er mir noch einen genialen Tipp für die Kürbiscremesuppe gegeben, die es nachher gibt: Kokosmilch! Das verleiht ihr das gewisse Etwas.«

Jippie! Ich liebe Kürbissuppe. Und ich liebe Kokosgeschmack! Heute scheint wirklich mein Glückstag zu sein …

Zufrieden und satt öffne ich später die Datei mit meinem Aufsatz und versuche mir vorzustellen, ich würde ihn zum ersten Mal in meinem Leben lesen. Dabei entdecke ich noch zwei Buchstabendreher und eine Wortwiederholung, aber sonst bin ich hochzufrieden damit.

Die Überschrift habe ich übrigens genauso gelassen, wie sie mir damals während des Hagelsturms eingefallen ist: *Einzelkinder, Sandwichkinder, Pizzakinder – wie man wohl wäre, wenn die Familie, in der man lebt, anders aussähe.*

Die ist ganz schön lang ausgefallen, aber dafür auch extrem aussagekräftig. Unser alter Deutschlehrer hat zwar Generationen von Schülern auf kurze Überschriften eingeschworen, doch er wird mich diesmal ja nicht benoten. Auch wenn er meine Einleitung bestimmt super fände, denn er ist ein Riesenfan der berühmten **W-Fragen**, und die habe ich allesamt untergebracht:

Wer hat sich schon mal gefragt, wie das Leben wohl wäre, wenn man in eine völlig andere Familie hineingeboren worden wäre? Was würde sich ändern, wenn man zum Beispiel das älteste Kind wäre und nicht das jüngste oder das mittlere? Oder wenn man fünf Geschwister hätte, statt ein Einzelkind zu sein? Wann und in welchen Konfliktsituationen würde man am liebsten mit jemandem tauschen? Was unterscheidet große und kleine, klassische und Patchwork-Familien? Warum bin ich noch nicht früher auf die Idee gekommen, all diese Fragen zu stellen? Wie auch immer – Hauptsache, ich habe das Thema jetzt für mich entdeckt. Einen Teil der Antworten habe ich der aktuellen Geschwisterforschung entnommen, den anderen habe ich selbst erarbeitet – und zwar mit Unterstützung von über hundert Helfern, die an meiner großen Geschwister-Umfrage teilgenommen haben. Aber eins nach dem anderen: Beginnen wir mit der Frage, was die Wissenschaft eigentlich zu alldem zu sagen hat …

Also, ganz ehrlich: Säße ich in der Wettbewerbsjury, wäre ich schon nach diesem ersten Absatz ziemlich begeistert!

Ob Hanne Schneider, die Programmleiterin des *ORANGE-Verlags*, wohl auch Jurymitglied ist? Falls ja, geht ihr natürlich ein Licht auf, sobald sie meinen Namen liest. Den meisten anderen Mitarbeitern bestimmt ebenfalls, schließlich bin ich die jüngste Autorin des Verlags.

Daran habe ich ja noch überhaupt nicht gedacht!

Mist. Den anderen Wettbewerbsteilnehmern gegenüber wäre das ja ganz schön unfair. Der *ORANGE-Verlag* würde mich natürlich bevorzugen. Oder halt! Vielleicht wäre genau das Gegenteil der Fall, bloß damit niemand glaubt, ich würde bevorzugt?

Einer plötzlichen Eingebung folgend, lösche ich meinen Namen. Ich werde den Wettbewerbsbeitrag unter einem Pseudonym einreichen! Nach einigem Überlegen tippe ich da, wo bis eben **Henriette Vogelsang** stand, den Namen Marie Nebel hin. **Marie** nach Marie Curie, der ersten Frau, die zwei Nobelpreise bekommen hat. Und **Nebel** nach meinem Lieblingsfilm *Gorillas im Nebel*, der von meinem großen Vorbild Dian Fossey handelt.

Jetzt fehlt nur noch ein neuer E-Mail-Account für Marie Nebel und ein Absender, den man im *ORANGE-Verlag* nicht kennt. Kurzerhand nehme ich die Anschrift von Jill. Und dann nutze ich Marie Nebels frisch eingerichtete E-Mail-Adresse zum ersten und vermutlich letzten Mal, um meinen Text abzuschicken.

Klick!

Weg ist er.

13 Naturtalent

Oder: Meine beste Freundin ist eine Rampensau

IM GANZEN SCHULGEBÄUDE herrscht eine aufgeregte Stimmung. Alle schwirren eifrig umher und haben irgendetwas Wichtiges zu erledigen – ich komme mir vor wie in einem **Bienenstock**! Die Schulband schleppt Instrumente durch die Gegend, das Kiosk-Team bereitet alles für die Bewirtung der Gäste vor, die Garten-AG schmückt die Aula, die Jungs aus Levins Klasse stellen die Stühle auf, und der Hausmeister kümmert sich um den Soundcheck.

Offiziell findet für alle anderen noch Unterricht statt. Aber wir sind viel zu aufgeregt, um den Lehrern richtig zuzuhören, auch wenn wir nachher bloß im Zuschauerraum sitzen werden. Weil es das erste Mal ist, dass an unserer Schule so ein Forschungswettbewerb stattfindet, und weil natürlich jeder für irgendeinen der Teilnehmer mitfiebert, lassen sich alle von der allgemeinen Nervosität anstecken.

In der Pause macht dann das Gerücht die Runde, Floriane Kettering hätte abgesagt.

»Angeblich ist sie total erkältet und hat keine Stimme mehr«, weiß Mia zu berichten. Sie hat es von ihrem Bruder und der wiederum von seiner Freundin, die zufälligerweise gerade im Sekretariat war, als der Anruf vom Radiosender kam.

»Eine Ersatzmoderatorin können sie leider auch nicht schicken«, schließt Mia ihren Bericht, und alle schweigen betroffen.

»Echt schade«, sage ich. »Wenn eine Profi-Sprecherin durch das Programm geführt hätte, wäre das schon ziemlich cool gewesen. Das hätte die Präsentation irgendwie ... glanzvoller gemacht. So wie bei den Filmfestspielen.«

»Wer jetzt wohl für sie einspringt? Bestimmt ein Lehrer«, überlegt Mia laut. »Sonst fällt mir niemand ein, der so was könnte.«

»Pah, das meinst du ja wohl nicht wirklich«, lacht Jill. »Ein bisschen Begrüßungs-Blablabla, ein paar flockige Bemerkungen zu jedem Teilnehmer, zwischendurch ein paar Scherze zum Auflockern – das kann doch nicht so schwer sein.«

»Also, ich würde eher tot umfallen, als auf der Bühne auch nur einen Scherz über die Lippen zu bringen«, widerspreche ich.

»Okay, du wärst vielleicht nicht die allerbeste Besetzung«, gibt Jill zu, »aber trotzdem: Was Floriane Kettering kann, würde ich mir ohne Weiteres zutrauen. Einfach nur reden ist schließlich keine Kunst.«

»Jill Samuelsson, wenn ich mich nicht irre?«, unterbricht uns da eine tiefe Stimme. Genauer gesagt die von Dr. Berner, dem Schuldirektor, der plötzlich hinter uns steht!

An Jills Stelle würde ich jetzt im Boden versinken vor Scham, aber sie ruft stattdessen: »Ja, genau, das bin ich.«

»War das eben dein Ernst, dass du dir die Moderation zutrauen würdest?«, wendet sich der Direx nun direkt an Jill. Seiner finsteren Miene nach zu urteilen, findet er ihre Prahlerei nicht lustig.

An Jills Stelle würde ich sofort klein beigeben und einen Rückzieher machen, doch sie kann ziemlich stur sein.

»Klar war das mein Ernst«, antwortet sie stattdessen.

Oh weh, jetzt redet sie sich auch noch um Kopf und Kragen! Wenn Dr. Berner etwas nicht leiden kann, dann sind es vorlaute Schüler. **Große Klappe, nix dahinter** – so lautet sein vernichtendes Urteil, das er nun bestimmt auch über Jill fällen wird.

Der Direx kneift die Augen zusammen und scheint angestrengt zu überlegen, wie er Jill am effektivsten zusammenstauchen kann. »Na, dann komm mal mit«, brummt er dann, dreht sich auf dem Absatz um und marschiert davon.

Jill zieht eine Grimasse, die wohl überspielen soll, dass sie nun ganz schön Muffensausen hat, und folgt ihm schulterzuckend.

Am liebsten würde ich hinterherlaufen und ihr beistehen, aber in diesem Moment klingelt es, und alle strömen zurück ins Klassenzimmer – es ist unmöglich, in der entgegengesetzten Richtung auch nur einen Millimeter voranzukommen …

Ich treffe Jill erst kurz vor Beginn der Präsentation wieder.

»Wo hast du nur gesteckt?«, will ich wissen. »Du hast zwei tödlich langweilige Erdkundestunden verpasst!«

»Du wirst es nicht glauben«, strahlt sie, »aber der Berner gibt mir tatsächlich die Chance, Floriane Kettering zu vertreten. Genial, was?« Sie ist Feuer und Flamme.

Ich kann es nicht fassen. »Er hat dich also nicht zur Schnecke gemacht?«

»Wieso denn? Nö, er hat nur gemeint, ich soll zeigen, was ich draufhabe. Dann hat er mich mit in sein Heiligtum genommen und ist mit mir den Ablauf durchgegangen.«

Ich traue meinen Ohren nicht. Das **Heiligtum** – wie Generationen von Schülern das Büro des Direktors nennen – betritt man normalerweise nur, um sich einen gepflegten Anschiss abzuholen, wenn man etwas ausgefressen hat. An Jills Stelle hätte ich vor lauter Angst keinen Schritt über die Schwelle gesetzt.

»Was denn für einen Ablauf?«, will Jacob wissen, der als einer der Ersten die Aula betritt – logisch, schließlich gehört er ja zu den Wettbewerbsteilnehmern.

»Na, den der Veranstaltung. Wer wann an der Reihe ist und wann die Band was spielt«, erklärt ihm Jill und wedelt mit einem Stapel Karteikarten. »Statt mich bei Vulkanismus und Plattentektonik tödlich zu langweilen, habe ich eben meine Moderation vorbereitet. So machen das die Profis nämlich auch.«

Jacob wirkt irritiert. Kein Wunder, denn er hat ja nichts von der Absage der Radiosprecherin und Jills neuer Aufgabe mitbekommen.

»Ich würde sterben vor Panik!«, rufe ich.

»Herzlichen Dank«, meint Jacob und rauft sich die Locken, »das hilft jetzt wahnsinnig gut gegen mein Lampenfieber.«

Mist, er hat ja selbst gleich einen Auftritt vor sich, und ich blöde Kuh habe ihn mit meinem unbedachten Gerede zusätzlich nervös gemacht.

»Kein Grund, durchzudrehen«, beruhigt ihn Jill, die überhaupt nicht aufgeregt wirkt. »Das wirst du schon wuppen.«

»Genau, deine Präsentation ist der Burner!«, bekräftige ich schnell.

Jacob kann tatsächlich schon wieder lächeln. Und steckt mich damit glatt an …

Als sich die Aula so langsam füllt, will ich mir schnell einen guten Platz suchen, aber Jill hat andere Pläne mit mir:

»Ich brauche dich hinter der Bühne! Als Assistentin und Stylistin. Und als moralische Unterstützung …«

Da sage ich natürlich nicht Nein. Auch wenn ich als Stylistin eine dramatische Fehlbesetzung wäre, wobei ich Jill immerhin warnen könnte, falls sie Lippenstift am Zahn hätte oder ihr Mascara verschmiert wäre. Innerlich lachend folge ich ihr nach hinten. Also ist sie doch ein bisschen nervös! Alles andere wäre ja auch geradezu unmenschlich …

»Du findest ihn süß, hab ich recht?«, wechselt sie ohne Vorwarnung das Thema. Trotzdem weiß ich gleich, was sie meint – beziehungsweise wen.

»Hast du dich etwa mit Oma Lydia verschworen?«, erwidere ich lachend. »Ihr habt aber beide unrecht, ich **mag** ihn bloß.«

»Aha, dann hat deine Oma es also auch schon bemerkt!«, kombiniert Jill, die sich so leicht keine fixe Idee ausreden lässt. Hochzufrieden mit ihrer vermeintlichen Beobachtungsgabe verschwindet sie in der Umkleidekabine und kehrt nach wenigen Minuten in einem atemberaubenden ärmellosen Abendkleid zurück.

»Aus dem Fundus der Theater-AG. Krass, oder?«

»Oberkrass!«, bestätige ich tief beeindruckt. Jill sieht darin ein bisschen so aus wie eine jüngere Ausgabe von Michelle Hunziker. Floriane Kettering könnte da nicht mithalten – jedenfalls rein optisch nicht. Jill wirkt wie ein echter Star! Ich hoffe sehr, dieser Eindruck gerät nicht ins Wanken, sobald sie auf der Bühne den Mund aufmacht …

Doch das tut er mitnichten. Denn Jill ist einfach **der Hammer** als Moderatorin! Das merke ich schon nach den ersten Worten. Ihre Begrüßung wirkt locker und spontan, obwohl sie exakt das sagt, was sie auf ihrer Moderationskarte notiert hat. Aber es kommt kein bisschen auswendig gelernt rüber, sondern als wäre es ihr gerade eben erst eingefallen.

Vor allem die Bemerkung, dass sie sehr stolz ist, die ursprünglich eingeplante Radiosprecherin ersetzen und durchs Programm führen zu dürfen, kommt gut an: »Eigentlich wollte Dr. Berner sie ja vertreten, aber vermutlich hat ihn dann doch das Lampenfieber gepackt«, flötet Jill.

Nachdem die Lacher verklungen sind, ergänzt sie trocken: »Sehr schade, dass uns allen nun der Anblick unseres Direktors **in diesem Kleid** verwehrt bleibt!«

Diesmal ist das Gelächter noch lauter, und sogar der Direx selbst applaudiert gut gelaunt.

Als Nächstes kündigt sie die erste Präsentation an, und ein langhaariger Oberstufenschüler, der ein Forschungsprojekt zum Thema *Optimale Belegung der Schulparkplätze* vorstellt, betritt die Bühne.

»Jill, du bist die geborene Moderatorin!«, platze ich heraus, als sie wieder nach hinten kommt.

»Pssst!«, macht sie mit gespielter Strenge. Und obwohl der Nachwuchsforscher ins Mikro spricht und so laut verstärkt wird, dass man mein Geflüster im Zuschauerraum unmöglich hören kann, rede ich mit gedämpfter Stimme, aber ungedämpfter Begeisterung weiter: »Ehrlich, diese Radioschnepfe kann unmöglich besser sein als du!«

Jill strahlt wie ein Honigkuchenpferd. »Echt, findest du, dass ich Talent haben?«

»Du bist ein Riesen-Naturtalent!«, versichere ich ihr und hebe meine Hand zum Schwur.

Jill wirkt auf einmal ganz nachdenklich. »Weißt du was? Ich glaube, das ist meine wahre Bestimmung«, meint sie.

Und plötzlich bin ich sicher: Ja, nach vielen Jahren der ständig wechselnden Berufswünsche, die alle mehr oder weniger unrealistisch und unpassend waren, hat Jill nun endlich etwas gefunden, worin sie **unglaublich gut** ist. Und es würde mich nicht wundern, wenn man sie eines Tages im Fernsehen zu sehen bekäme, wo sie natürlich eine eigene Sendung hätte – die *Jill-Samuelsson-Show*!

Dann wird es richtig aufregend, denn Jacob ist an der Reihe und präsentiert seine Wetterforschungsergebnisse. Ich habe zwar sowohl die ausführliche Abgabeversion als auch die kurze Präsentationsversion x-mal gelesen und kann sie fast auswendig, trotzdem vergesse ich beim Zuhören fast, zu atmen. Besonders spannend finde ich seine Schlussbemerkungen:

»Die meisten Leute ignorieren die Anzeichen des Klimawandels, und ihre Erinnerungen an das Wetter von früher stimmen nicht unbedingt mit den offiziellen Wetteraufzeichnungen überein. Ich habe zwei Hypothesen, woran das liegen könnte: Erstens neigt der Mensch ab einem gewissen Alter zu der Überzeugung, früher sei alles besser gewesen, was wohl daher kommt, dass mit früher die eigene Jugend gemeint ist, die im Rückblick idealisiert wird. Und zweitens erinnert man sich vor allem an Extreme, so auch beim Wetter: zum Beispiel an den unglaublich schneereichen Winter von 1981/82, als in ganz Deutschland die Schule ausfiel, oder an den sehr kalten Winter von 1996/97, in dem wochenlang zweistellige Minusgrade herrschten. Ebenso bleiben einem die Supersommer von 2003 und 2015 im Gedächtnis, aber auch der von 1976 – damals bestand sogar erhöhte Waldbrandgefahr. Und diese Ausnahmen werden im Rückblick als typisch wahrgenommen, was statistisch gesehen natürlich blanker Unsinn ist.«

Nach diesem Schlusswort verlässt er die Bühne, begleitet von donnerndem Beifall.

Wenn jetzt noch jemand glaubt, Nerds seien uncool, versteh ich die Welt nicht mehr. Denn mit diesem Auftritt hat Jacob die ganze Aula gerockt, und dabei sah er auch noch voll süß aus in dem witzigen T-Shirt mit einer Froschabbildung und der Aufschrift *Bei T-Shirt-Wetter tragen Wetterfrösche Frosch-T-Shirts*. Was für ein Zungenbrecher!

Sogar Nick ist begeistert. Er gehört zu den Ersten, die laut mit den Füßen trampeln. Seine Haare sind mal wieder total verwuschelt, und er sieht auch ohne Nerd-Brille und Frosch-T-Shirt einfach super aus.

»Henriette, du spinnst«, murmele ich vor mich hin. »Das spielt doch gerade gar keine Rolle!« Schließlich sind wir auf einem Forscherwettbewerb, nicht bei einer Mister-Berlin-Wahl.

Irgendwann haben alle Teilnehmer ihre Projekte präsentiert, und die Jury, bestehend aus dem gesamten Lehrerkollegium, zieht sich zur Beratung zurück, während die Schulband die Titelmelodie der Serie *The Big Bang Theory* spielt.

Dann betritt Dr. Berner die Bühne und überreicht Jill einen Umschlag. Sie darf die Platzierungen verkünden und macht es wirklich total spannend. Am liebsten würde ich ihr zubrüllen, sie soll es endlich ausspucken, aber genau in dem Moment fängt sie an, die Resultate vorzulesen.

Jacob wird Dritter und gewinnt eine Wochenendreise nach München inklusive einer Eintrittskarte für das Deutsche Museum – dem größten naturwissenschaftlich-technischen Museum der Welt. **Was für ein cooler Preis!**

»Ein toller Erfolg«, gratuliert Jill, »zumal die ersten beiden Plätze von Abiturienten belegt werden und du mindestens fünf Oberstufenschüler hinter dir gelassen hast. Ich würde sagen: **Die zehnte Klasse roooockt!**«

Die Antwort ist donnernder Applaus. Jacob jubelt ausgelassen und freut sich riesig, und auch ich bin unglaublich stolz auf seinen Erfolg. Und natürlich auf Jill!

Dann umarmen sich die beiden, und ich bin nicht ganz so begeistert davon. Hallo? Jill hat das Ergebnis bloß verkündet! Wenn ich Jacobs unzählige Fehler nicht korrigiert hätte, hätte er den dritten Platz vergessen können!

Bei der anschließenden Party bekomme ich dann aber auch meine Umarmung, und er bedankt sich so oft für meine Unterstützung, dass es mir schon fast unangenehm ist. Denn eigentlich habe ich ja nur ein paar Buchstabendreher verbessert und ein paar Kommas eingefügt …

An diesem Abend habe ich große Lust zu bloggen, und das Thema, das ich für *Was ich wirklich wissen will – Jette V. berichtet über allerhand Spannendes* bearbeiten will, liegt quasi auf der Hand. Es geht um ein Wort, das heute ziemlich häufig gesagt worden ist und das auch ich ein paarmal verwendet habe. Es ist ziemlich modern, dieses Wort, und trotzdem habe ich bisher noch nie über seine tiefere Bedeutung nachgedacht. Das hole ich mit diesem Artikel nach:

AN ALLE, DIE ECHT WAS DRAUFHABEN!

In den einschlägigen Castingsendungen nennt man die begabten Bewerber »Täääälents«. Beim Fußball bezeichnet man einen Nachwuchsspieler »als ewiges Talent«, das zwar vielversprechend ist, aber sein Potenzial noch nicht vollständig ausgereizt hat. Grundsätzlich ist mit »Talent« eine überdurchschnittliche Begabung gemeint.

Aber woher kommt der Begriff »Talent« eigentlich?

Ihr werdet staunen: Es ist ursprünglich ein antikes Gewichtsmaß. Übrigens lautet das griechische Wort für Waage und Gewicht »talanton«, und noch heute ist die Redewendung »sein Talent in die Waagschale werfen« gebräuchlich, wenn man das, was man gut kann, einsetzt, um ein bestimmtes Ziel zu erreichen.

Talent ist Glückssache

Man hat keinen Einfluss auf sein Talent, denn es ist angeboren. Es gibt also keinen Grund, sich für fehlendes Talent in einem bestimmten Bereich zu schämen, und ebenso unangebracht ist es, darauf stolz zu sein.

Talent allein reicht nicht!

Was bringt es, bestimmte Fähigkeiten zu haben, wenn man sie nicht einsetzt? Genau: gar nichts. Talent ist wie eine Aufgabe – sozusagen der Auftrag des Schicksals, etwas aus sich zu machen. Albert Einstein sagte einmal, Genialität bestünde nur zu einem Prozent aus Talent und zu neunundneunzig Prozent aus harter Arbeit.

Also – erkennt euer Talent und macht was draus!

Manche von euch sind bestimmt in Sport talentiert, ich dagegen überhaupt nicht. Andere können wunderbar singen oder kopfrechnen oder zeichnen oder räumlich denken … Niemand kann alles, das ist klar. Aber genauso gilt: Niemand kann gar nichts. Oder positiv ausgedrückt: Jeder ist in irgendetwas gut.

Vielleicht bin ich ja ein talentierter Talentscout?

Heute habe ich miterlebt, wie eine Person ihr großes, ziemlich beeindruckendes Talent entdeckt hat. Und ich kann nur hoffen, dass diese Person weiter daran arbeitet, um eines Tages wahnsinnig erfolgreich in ihrem Bereich zu werden. Und ich könnte dann stolz sagen, dass ich es ja gleich gewusst habe. Wobei es keinen Grund gibt, stolz auf meine Beobachtung zu sein, denn ich kenne diese Person mit all ihren Stärken und die Schwächen schon mein Leben lang. Sie ist mir quasi angeboren.

Sofort ploppt ein erster Kommentar auf. Er ist von BestFriend. Niemand außer uns beiden weiß, dass sich hinter diesem Nickname Jill verbirgt. Ihr Posting besteht aus einem Smiley und einem Herzchen.

Drei Sekunden später klingelt mein Handy, und natürlich ist Jill dran.

»Hast du wirklich mich gemeint? Sag schon …«

Ich muss lachen. »Natürlich, du Schaf. Wen denn sonst?«

»Ach, das ist so süß von dir!« Jill ist ganz aus dem Häuschen. »Ich kann es immer noch nicht fassen, dass ich endlich weiß, was der ideale Beruf für mich ist. Was meinst du: Soll ich in den Osterferien ein Praktikum beim Radio machen oder lieber Sprechtraining nehmen?«

»Völlig egal. Hauptsache, du arbeitest an deinem Traum.«

»Oh, das werde ich tun. Vielleicht melde ich mich auch zum Tanzunterricht an. Aber zuallererst müssen wir feiern!«, wechselt sie urplötzlich das Thema. »Hast du morgen Abend Zeit?«

»Na klar«, sage ich.

»Dann lass uns tanzen gehen. Nur wir beide. Ohne Jungs. Einverstanden?«

»Geniale Idee!«, finde ich. Natürlich bin ich sofort dabei. Zumal ich ohnehin nicht wüsste, welcher Junge mich hätte begleiten sollen. Da fällt mir ein, dass ich nicht einmal weiß, ob Nick überhaupt tanzen kann. Aber das ist ja jetzt auch egal …

Weltwunder

Oder: Wo keine Gefühle sind, muss man auch keine stoppen

WIR LÖFFELN GERADE unsere Samstagskartoffelsuppe mit Würstchen, als Jill hereinplatzt und triumphierend mit einem Briefumschlag herumwedelt, als wäre er ein weltbewegendes Dokument.

Was er offenbar auch ist – jedenfalls **in meiner Welt**. Das wird mir klar, als Jill »Post vom *ORANGE-Verlag*!« brüllt.

Sofort lasse ich den Löffel in den Teller plumpsen und nehme in Kauf, dass mein Sweatshirt Suppenflecken bekommt. »Zeig her!« Ich reiße ihr den Umschlag aus der Hand und öffne ihn ungeduldig.

»Aber Henriette …«, mahnt Mum kopfschüttelnd. »Hat das nicht Zeit bis nach dem Essen?«

»Nein, hat es nicht«, erwidere ich energisch, während ich den Brief auffalte und fieberhaft zu lesen beginne:

Liebe Marie,
Dein Beitrag zu unserem Schreibwettbewerb hat

uns ausgezeichnet gefallen. Sowohl das Thema als auch die Vorgehensweise sind gut gewählt, und die stilistische Ausarbeitung zeigt echtes Talent. Wir freuen uns also, Dir mitteilen zu können …

»Ich hab gewonnen!«, jubele ich los.

»Du hast **was** gewonnen?«, fragt Paps argwöhnisch. Er hält nicht viel von Preisausschreiben, weil es den Firmen dabei angeblich nur um massenweise Adressdaten geht.

»Lass mal sehen«, ruft Jill ganz aufgeregt und quetscht sich neben mich auf den Stuhl. Dann liest sie laut die entscheidende Passage vor:

Wir freuen uns also, Dir mitteilen zu können, dass Du den ersten Platz bei unserem Schreibwettbewerb gewonnen hast, und laden Dich daher herzlich ein, in den Osterferien ein Praktikum im ORANGE-Verlag zu absolvieren. Die Fahrtkosten übernehmen wir, und die Unterkunft in Hamburg stellen wir selbstverständlich ebenfalls. Herzlichen Glückwunsch!
Liebe Grüße aus Hamburg,
Hanne Schneider,
Programmleiterin im ORANGE-Verlag

Ich kann es kaum fassen und tanze vor Freude durch die Küche. **Juhuuu**, ich habe es geschafft! Mit dem Praktikum komme ich meinem Ziel, eines Tages Wissenschaftsjournalistin zu werden, ein riesenriesengroßes Stück näher. Ich könnte platzen vor Glück!

Und weil ich so außer Rand und Band bin, merke ich gar nicht, dass Mum sich den Brief geschnappt hat und ihn stirnrunzelnd liest.

»Aber – der ist ja gar nicht für dich«, meint sie schließlich und bringt mich dadurch völlig aus dem Konzept.

»W-was meinst du?«, stammele ich, doch in Wahrheit kenne ich die Antwort bereits.

»Dieses Schreiben ist an eine gewisse Marie Nebel gerichtet, und die Adresse ist die von Elin und Jill. Darf ich fragen, warum du jubelnd durch die Küche fegst? Und wer um alles in der Welt ist **Marie Nebel**?«

»Na ja, das bin ich«, gebe ich zu, wohl wissend, was als Nächstes kommt. Und tatsächlich, Mum setzt ihr Verhör erbarmungslos fort:

»Kannst du mir verraten, warum du unter einem Pseudonym an einem Schreibwettbewerb teilnimmst? Und noch dazu mit falscher Adresse?«

Das kann ich natürlich nicht.

Es sei denn, ich würde mit der Wahrheit rausrücken. Gestehen, dass man mich im *ORANGE-Verlag* sehr gut kennt und dass ich bei diesem Wettbewerb weder bevorzugt noch benachteiligt werden wollte. Aber solange Mum in der **Böser-Cop-Stimmung** ist, scheint ein derartiges Geständnis nicht unbedingt ratsam, und von Paps ist auch keine Gnade zu erwarten. Er ist gerade damit beschäftigt, Mika zu beruhigen, den ich mit meinem Herumgehopse und Gejubel versehentlich aufgeweckt habe.

»Ich warte auf eine Erklärung«, erinnert mich Mum streng. Auch Tessa und Levin haben inzwischen das Suppe-Essen eingestellt und betrachten die Szene wie einen besonders spannenden **Boxkampf**.

»Ähm«, mache ich hilflos. Wenn ich wirklich Boxerin wäre, hätte ich damit schon vor der ersten Runde das Handtuch geworfen.

Aber zum Glück stehe ich nicht wirklich im Ring, sondern vor dem mütterlichen Gericht – und ich habe Jill an meiner Seite, die zukünftige Top-Moderatorin, die auch in brenzligen Situationen wie dieser nicht auf den Mund gefallen ist.

»Das war meine Idee, Eva«, plappert sie fröhlich drauflos. »Wir sind eben unsere gegenseitigen Glücksbringer. So, wie Henriette mir neulich hinter der Bühne Glück gebracht hat, so habe ich ihr mit meiner Adresse Glück gebracht. Und wie du siehst, hat's funktioniert!«

Mums Mund klappt verblüfft zu. Klingt irgendwie logisch, was Jill da erzählt. Dass damit noch lange nicht mein Pseudonym erklärt ist, fällt ihr im ersten Moment gar nicht auf.

»Der Name *ORANGE-Verlag* sagt mir was«, murmelt Paps auf einmal und zieht nachdenklich die Stirn kraus. Dann zückt er sein Handy, um den Verlag zu googeln. Mich beschleicht eine dunkle Vorahnung, doch mein Ablenkungsmanöver – »Noch ein bisschen Suppe, Paps?« – funktioniert leider nicht.

»Die sind ja im Jugendbuchbereich richtig erfolgreich. Das Teenie-Sachbuch *Alles, was Mädchen wissen sollten, bevor sie 13 werden* scheint ein echter Bestseller zu sein. Kennst du das, Henriette?«

»Ähm, schon mal gehört«, krächze ich. Hoffentlich lässt er sich jetzt nicht über den Namen der Verfasserin aus! Irgendjemand kommt sonst früher oder später auf den Trichter, dass Jette V. und Henriette Vogelsang ein und dieselbe Person sein könnten …

Vor Anspannung wage ich kaum zu atmen, und als Paps in die Hände klatscht und »Jetzt weiß ich's!« ruft, bekomme ich einen Hustenanfall. Hilfe! Ich bin geliefert …

»Hast du dich bei diesem *ORANGE-Verlag* nicht vor zwei Jahren schon mal für ein Praktikum beworben?«, fragt Paps. »Du hast dich damals doch so wahnsinnig aufgeregt, weil stattdessen ein Junge den Praktikumsplatz bekommen hat, der bestimmt gar nicht so scharf drauf war wie du. Oder verwechsele ich da jetzt was?«

»Ja. Doch. Ich meine, nein, du verwechselst nichts.« Ich kriege vor lauter Aufregung mal wieder keinen vernünftigen Satz heraus.

Jill hat dafür gleich mehrere auf Lager. »Eben, genau deshalb hat Henriette doch das Pseudonym gewählt. Für den Fall, dass sich im Verlag jemand an ihren Namen erinnert. Die Wahrscheinlichkeit dafür war zwar relativ gering, aber du hattest es ja schließlich auch noch im Gedächtnis, also war das auf jeden Fall eine gute Entscheidung«, verkündet sie.

Mum und Paps nicken im Duett. Tessa und Levin löffeln wieder ihre Suppe. Ich atme auf.

Puh! Das ist ja gerade noch mal gut gegangen!

Nach dem Essen verschwinden Jill und Levin im Zimmer des Badezimmerblockierers, um sich – mal wieder – zu streiten, während Paps das Geschirr spült und Tessa abtrocknet. Mum muss zurück in den Laden, und ich begleite sie über den Hof, um bei Oma Lydia reinzuschauen und sie mit der guten Nachricht zu überraschen.

Die Tür ist zwar wie immer offen, aber von Oma keine Spur. Jedenfalls keine sichtbare. Aus dem Bad ist ein Rauschen zu hören – vermutlich steht sie unter der Dusche. Ich beschließe zu warten, pflanze mich aufs Sofa und schreibe aus alter Gewohnheit eine Nachricht an Nick:

Du darfst mir gratulieren – ich habe den Schreibwettbewerb gewonnen. Tschakkaaaaa!

Okay, er ist zwar nicht mehr mein **Freund**, aber immer noch mein bester Kumpel und außerdem einer der wenigen, die meine geheime Identität als Jette V. kennen. Ist doch nur logisch, dass ich ihn sofort einweihe!

Seine Antwort lässt auch nicht lange auf sich warten:

Wie genial ist das denn?! Ich freu mich für dich. Super gemacht! Dein Nick

Mir wird ganz warm ums Herz. Wie schön, dass wir Freunde geblieben sind! Nick würde mir sonst sehr fehlen …

»Hey, wen haben wir denn da?«, freut sich Oma, die gerade das Wohnzimmer betritt. Ihre Haare sind noch feucht, und sie trägt einen Bademantel. Immerhin ist sie allein und nicht nackt – **eine** Begegnung dieser Art reicht mir vorerst …

Die Neuigkeit sprudelt nur so aus mir heraus. »Ein echtes Weltwunder, findest du nicht?«, schließe ich meinen Bericht ab.

»Nein, finde ich gar nicht«, widerspricht Oma. »Dass du gewonnen hast, ist überhaupt kein Wunder, sondern einfach nur logisch, denn du bist super!«

Sie umarmt mich und wirbelt mich herum, als wäre ich ein kleines Kind. Wahnsinn, wie stark Oma Lydia ist. Von ihrem Sportprogramm scheint sie ordentlich Muckis bekommen zu haben.

»Lust auf eine Tasse heiße Schokolade mit viel Sahne und eine belgische Waffel?«, schlägt sie vor.

Da sage ich nicht Nein – zumal ich von der Kartoffelsuppe vorhin nicht viel abbekommen habe.

»Weiß Jacob schon von deinem Erfolg?«, fragt Oma unvermittelt, als wir gemütlich am Tisch sitzen und uns die Köstlichkeiten schmecken lassen.

»Jacob? Nö, wieso?«

»Ach, Jettekind, nun tu doch nicht so. Bestimmt hat er wie verrückt mit dir mitgefiebert, genauso wie du bei seiner Präsentation. Außerdem liegt da was zwischen euch in der Luft.«

Ähm – auf was für einem Trip ist Oma denn jetzt?

»Ich hab dir – und übrigens auch Jill und Nick – doch schon oft genug erklärt: Wir haben uns gegenseitig bei unseren Projekten geholfen, das ist alles, was in der Luft liegt«, sage ich. »Jacob und ich sind bloß locker befreundet. Sonst gar nichts.«

»Genau. Und an Ostern kommt das Christkind«, meint Oma spöttisch. Sie glaubt mir offenbar kein bisschen. »Dieser Jacob hat dich neulich angehimmelt, als wärst du das achte Weltwunder. Und dich hat es auch erwischt. Jeder, der nicht blind ist, kann das sehen!«

Oh Mann, Oma ist ja ganz schön auf dem Holzweg. »Mich hat's überhaupt nicht erwischt«, widerspreche ich stur. »Es ist doch erst ein paar Wochen her, dass Nick und ich Schluss gemacht haben. Das muss ich erst mal verarbeiten, bevor ich mich wieder verlieben kann!«

Oma beißt genüsslich in ihre Waffel und macht ein nachdenkliches Gesicht.

»Das sehe ich vollkommen anders«, sagt sie nach einer Weile. »Die Liebe fragt nicht nach dem richtigen Zeitpunkt. Sie kommt einfach ungebeten. Und ob es dir nun passt oder nicht: Deine Gefühle kannst du nicht stoppen ...«

Sind Gefühle kontrollierbar oder nicht? Das wäre wirklich mal ein spannendes Thema für mein Blog. Zurück in meinem Zimmer, fahre ich mein Laptop hoch, öffne eine Datei – und starre auf den weißen Bildschirm. Irgendwie kann ich mich nicht konzentrieren. Eigentlich müsste ich jetzt Stichworte sammeln, Fragen notieren, Überschriften und Zwischenheadlines formulieren, vor allem aber recherchieren und Material sortieren. Doch das alles ist mir heute einfach zu **anstrengend**. Meine Gedanken kreisen permanent um die Frage, ob ich wirklich in Jacob verliebt bin – und er auch in mich. Um mich abzulenken, schaue ich mir die Kommentare meiner Blogleserinnen zum Talent-Artikel an ...

Dass Talent etwas mit Gewicht zu tun hat, wusste nicht mal mein Vater, und der weiß sonst eigentlich alles. Sehr cooles Gefühl, einmal schlauer zu sein als er. Danke dafür!, schreibt HotChili.

Und Jamie kommentiert:
Talent zu haben kann auch ganz schön nervig sein. Ich bin ziemlich gut im Tennis, bloß was hab ich davon? Ich muss viel öfter trainieren, als ich Lust habe. Manchmal würde ich am liebsten damit aufhören, aber ich kann doch meine Eltern nicht enttäuschen. Ich bin schließlich ihr Wunderkind :/

Darauf hat ausgerechnet PrincessX sofort reagiert. Neugierig lese ich, was sie zu sagen hat:
Oje, Jamie, das klingt ja schrecklich! Bist du sicher, dass deine Eltern das wollen? Bestimmt ahnen sie gar nicht, wie es dir geht. Warum redest du nicht einfach mal mit ihnen?
Aber was ich eigentlich schreiben wollte: Das war ein richtig toller Artikel, Jette! Ich bin ja so froh, dass du endlich aufgehört hast mit dem Lebenshilfequatsch. Du hast echt großes Schreibtalent!

Wow, wer hätte das gedacht? Ausgerechnet PrincessX, die mir schon mit ihrem allerersten, extrem kritischen Beitrag negativ aufgefallen war, macht mir ein Kompliment? Es geschehen noch Zeichen und Wunder …

Auf die letzten beiden Kommentare antworte ich öffentlich:

Danke, liebe PrincessX, für dein Feedback. Freut mich sehr, dass dir mein neues Blog besser gefällt.
Und Jamie, was PrincessX sagt, kann ich nur unterschreiben. Wunderkinder sind nämlich selten glücklich und werden oft ziemlich verkorkste Erwachsene. Denk nur an Michael Jackson! Das können deine Eltern doch bestimmt nicht wollen …

Ich habe zwar ein schlechtes Gewissen, einem anderen Mädchen zu mehr Ehrlichkeit ihren Eltern gegenüber zu raten, wo ich es doch selbst nicht wage, meinen Eltern von meinen Blogs zu erzählen. Aber das ist schließlich ein völlig anderer Fall!

Doch dann schießen mir wieder Omas Worte durch den Kopf. Dieser Jacob hat dich neulich angehimmelt, als wärst du das achte Weltwunder. Und dich hat es auch erwischt. Jeder, der nicht blind ist, kann das sehen!

Eigentlich bin ich noch immer **absolut sicher**, dass sie sich irrt, aber in einem Punkt hat sie wohl recht: Man kann seine Gefühle nicht stoppen. Fragt sich nur, ob überhaupt welche da sind – und, falls ja, wem sie gelten. Tatsächlich Jacob, wie Oma vermutet? Oder vielleicht doch eher … Nick?

Ja, ich weiß, es ist albern. Wir waren zweimal zusammen und haben uns zweimal getrennt – beim ersten Mal hat er Schluss gemacht, beim nächsten Mal ich. Es gibt nichts, was dafürspricht, einen dritten Versuch zu wagen. Aber Logik und Liebe sind nicht zwangsläufig kompatibel, so viel ist klar.

Trotzdem kann es nicht schaden, mir mithilfe einer logischen Analyse über meine Gefühle klarzuwerden. Zumindest kann ich es ja mal versuchen.

Und so erstelle ich eine Tabelle. Über der ersten Spalte steht: Was spricht dafür, dass ich noch in Nick verliebt bin? Und über der zweiten: Was spricht dafür, dass ich möglicherweise auf Jacob stehe?

Okay, los geht's.

Ein Argument für die **Nick-Seite** ist auf jeden Fall die Tatsache, dass ich ihm vorhin spontan geschrieben habe. Offenbar gibt es da noch eine Verbindung zwischen uns. Und wir verstehen uns in letzter Zeit wieder super. Neulich waren wir zusammen eislaufen und einmal auch im Kino. Ohne Popcorn-Romantik, dafür aber in einem Film, den ich aussuchen durfte. Allerdings ist das ja noch lange kein Beweis dafür, dass ich noch in ihn verliebt sein könnte, denn so gehen gute Freunde nun mal miteinander um. Also doch kein Argument?

Ich seufze. Das ist ja schwieriger, als ich gedacht hätte.

Vielleicht ist die **Jacob-Seite** einfacher. Mir fallen drei Pluspunkte ein, die ich notiere:

Erstens unsere gemeinsamen Interessen (Stichwort: Nerd).

Zweitens seine Qualitäten als Frauenversteher (Kunststück, als Sandwich-Bruder zwischen lauter Schwestern).

Drittens sein Lächeln, das ich schon in der siebten Klasse unwiderstehlich fand.

Na ja, außerdem ist er hilfsbereit, mag Hunde, ist nett zu Tessa und findet Mika süß.

Aber gilt all das im Grunde nicht auch für Nick?

So komme ich nicht weiter. Ich sollte mich dem Thema auf wissenschaftliche Weise nähern.

Mensch, da fällt mir ein: Das **habe** ich ja längst getan! In *Alles, was Mädchen wissen sollten, bevor sie 13 werden* habe ich einen Artikel veröffentlicht, der sich mit den Symptomen der Verliebtheit – beziehungsweise der Limerenz, wie es die Forscher nennen – befasst. *Warum eigentlich passen die Schmetterlinge im Bauch nicht unters Mikroskop?*, lautet die Überschrift.

Ich schlage mein Buch auf und entdecke das entsprechende

Kapitel auf Anhieb. Da steht ja alles: Die Kennzeichen extremer Verknalltheit sind mit einem Rauschzustand vergleichbar, ausgelöst durch einen Cocktail aus körpereigenen Hormonen und Botenstoffen.

In meiner Schreibtischschublade finde ich einen pinkfarbenen Textmarker, mit dem ich die entscheidende Passage hervorhebe:

Dopamin sorgt für das Hochgefühl, Neurotrophin für die Romantik, Adrenalin für Herzklopfen, Endorphin für Glücksgefühle, Oxytocin für erhöhten Kuschelbedarf. Und für die Unzurechnungsfähigkeit ist der Serotoninspiegel verantwortlich …

Da sind sie ja alle schön vereint, die Übeltäter. Jetzt muss ich nur noch diagnostizieren, welche dieser Symptome bei mir zutreffen und wer von den beiden Jungs sie auslöst.

Den erhöhten Kuschelbedarf löst momentan übrigens vor allem Burki aus. Er hüpft auf meinen Schoß und schmiegt sich an mich. Ich bringe es nicht übers Herz, ihn runterzuschubsen, auch wenn er mich beim Nachdenken und Schreiben stört.

Ach, was soll's! Genug gegrübelt für heute. Zeit, die Fellnase zu kraulen.

Herzschlagfinale

Oder: Alles auf Anfang!

ZWEI WOCHEN SIND VERGANGEN, seit ich den Schreibwettbewerb gewonnen und das denkwürdige Gespräch mit Oma Lydia geführt habe. Und was soll ich sagen? Ich bin keinen Schritt weitergekommen, was die Analyse meiner Gefühle betrifft. Mittlerweile bezweifle ich sogar immer mehr, dass ich **überhaupt** welche habe oder jemals wieder welche haben werde. Ein extrem trauriger Gedanke – und das ausgerechnet heute, am Valentinstag!

Im Vergleich zu meinem momentanen Zustand war sogar mein Traum vom rülpsenden Nick fast romantisch … Tja, von Romantik bin ich momentan wohl so weit entfernt wie ein Elefant vom Hochsprungweltrekord. Leider.

Was mich nervt, sind die ständigen Andeutungen von Oma und Jill, die beide **absolut sicher** sind, dass ich nur zu meinen Gefühlen stehen müsste. Die beiden machen mich noch wahnsinnig! Nur weil Oma und Gunnar im siebten Seniorenhimmel schweben und Jill sich wieder mit Levin versöhnt hat, muss ich doch noch lange nicht ebenfalls verliebt sein, oder?

Nachdem ich mit zwölf im Grunde permanent für jemanden geschwärmt habe und vor lauter heimlicher Dauerverknalltheit chronisch verpeilt war, ist es jetzt, nach der Trennung von Nick, geradezu eine **Erholung**, endlich mal wieder klar denken zu können, ohne ständig von irgendwelchen Glückshormonen dabei gestört zu werden. Obwohl Verliebtsein natürlich schon toll ist …

Aber je mehr ich beteuere, dass ich gerade auch ohne Schmetterlinge im Bauch ganz glücklich bin, desto weniger glauben mir Oma und Jill. Das regt mich dermaßen auf …

Wenn ich endlich meine Ruhe vor ihren nervigen Andeutungen haben will, muss ich wohl ihre Theorie widerlegen und beweisen, dass ich recht habe.

Ja, genau – es ist mal wieder allerhöchste Zeit für ein Experiment. Genauer gesagt für einen Selbstversuch.

Ich rufe mir noch einmal die typischen Anzeichen der Verliebtheit in Erinnerung: Hochgefühl, Romantik, Herzklopfen, Glücksgefühle, Kuschelbedarf, Unzurechnungsfähigkeit. Kritisch betrachtet sind diese Merkmale ganz schön **wischiwaschi**. Wie soll man dazu denn messbare Daten gewinnen, um sie methodisch bewerten und zu einem aussagekräftigen Ergebnis gelangen zu können? Nun ja, zumindest bei **einem** der genannten Symptome besteht vielleicht eine Chance … Und plötzlich fällt mir auch ein, wie!

»Willkommen im Club der joggenden Familienmitglieder!«, strahlt Paps, als ich ihn darum bitte, sein Pulsmessgerät ausleihen zu dürfen. Ich will ihn nicht enttäuschen, deshalb kläre ich den Irrtum nicht auf, schwäche seine Euphorie aber ein wenig ab, indem ich behaupte, als Einsteigerin erst einmal mit **Power-Gassi-Walking** anfangen zu wollen. Mit anderen Worten: Ich gehe mit Burki spazieren.

Paps zeigt mir, wie man das Gerät trägt. Ganz schön kompliziert: Erst den Brustgurt anlegen, der weder einschnüren noch rutschen darf, dann die dazugehörige Pulsuhr umbinden, auf der man allerhand Daten ablesen kann, von Kalorienverbrauch über Körpertemperatur bis hin zur Schrittzahl. Und natürlich die **Herzfrequenz** – und nur darauf kommt es mir an.

Dann erzählt mir Paps noch etwas von wegen Ruhepuls, optimalem Trainingsbereich und Maximalbelastung, aber da höre ich schon nicht mehr richtig zu. Denn ich laufe garantiert nicht Gefahr, mich in der nächsten halben Stunde zu überanstrengen …

Ganz gemütlich und mit einem Puls von achtzig Schlägen pro Minute, die laut Paps' Tabelle absolut normal sind für mein Alter, mache ich mich auf den Weg. Allerdings nicht zum Park, auch wenn Burki mit ganzer Kraft in diese Richtung zieht.

»Später darfst du dort noch eine Runde toben«, verspreche ich ihm – aber erst einmal haben wir ein anderes Ziel.

Kurz bevor wir bei Nick ankommen, werfe ich noch rasch einen Blick auf die Pulsuhr: Fünfundachtzig zeigt sie an. Okay, es kann losgehen!

»Hey, Henriette. Alles gut?«, begrüßt mich Nick. Ich sehe ihm an, dass er ein bisschen verwirrt ist, schließlich waren wir nicht verabredet.

»Ich war gerade mit Burki unterwegs und habe fürchterlichen Durst gekriegt. Ich dachte, ich schau einfach mal bei dir auf ein Getränk vorbei.«

»Klar, komm rein!«, sagt er und geht voraus in Richtung Küche, wo er mir ein Glas Apfelsaftschorle einschenkt und sogar Burki einen Napf Leitungswasser serviert.

»Neue Uhr?«, fragt er mit Blick auf Paps' Pulsmessgerät.

»Ausgeliehen«, erwidere ich knapp und nutze die Gelegenheit, um den aktuellen Wert abzulesen: neunundziebzig Schläge pro Minute. Absoluter Ruhepuls. Und auch sonst verspüre ich keinerlei Verliebtheitssymptome: weder das berühmte Kribbeln im Bauch noch weiche Knie, Schnappatmung oder unkontrollierbares Dauerlächeln. Alles Fehlanzeige. Mit anderen Worten:

Ich bin so was von nicht verknallt!

Hab ich's nicht gleich gewusst? Ich freue mich jetzt schon darauf, Jill dieses absolut unwiderlegbare Messergebnis unter die Nase zu reiben.

»Was grinst du denn so diebisch?«, will Nick wissen. »Heckst du irgendwas aus?«

»Nein, ich freue mich bloß«, lache ich. Darüber, dass ich eindeutig über unsere Trennung hinweg bin. Nick ist mein bester Freund – aber mehr nicht. Und das ist gut so!

Spontan umarme ich ihn und drücke ihm einen Schmatzer auf die Wange. Sein erstaunter Blick erinnert mich daran, dass man diese Geste durchaus auch falsch verstehen könnte.

»Kumpelmodus!«, erkläre ich, und da umarmt er mich ebenfalls und bestätigt: »Kumpelmodus.«

Ich schaue auf mein Handgelenk. Ruhepuls. Noch immer. **Sehr cool!**

Erst als wir wieder draußen auf der Straße sind, fällt mir wieder ein, dass heute Valentinstag ist. Wahrhaftig – ich bin vom Verliebtsein geheilt.

»Wuff«, macht Burkhard, als wollte er mir gratulieren.

Falsch – als wollte er mich an etwas erinnern!

»Versprochen ist versprochen«, beruhige ich ihn. »Ich hab den Park nicht vergessen, keine Sorge.«

Ich könnte schwören, dass Burki daraufhin lächelt. Wer auch immer behauptet, Hunde verstünden keine Menschensprache und hätten keine Mimik, der befindet sich im Irrtum!

Bis zum Park ist es eine knappe Viertelstunde zu laufen. Wir sind noch keine drei Minuten unterwegs, als mein Handy klingelt. Ob das wohl Nick ist? Habe ich etwa meinen Schal bei ihm vergessen? Nein, ich hatte ja gar keinen dabei …

»Hallo – Henriette Vogelsang?«, melde ich mich ganz förmlich, denn die Nummer auf dem Display sagt mir gar nichts.

»Hallo, Henriette, du Geheimniskrämerin. Hier ist Hanne Schneider vom *ORANGE-Verlag.* Ich habe gerade deine E-Mail gelesen und musste dich sofort anrufen. Herzlichen Glückwunsch noch mal!«

»Oh, danke«, erwidere ich. Viel mehr fällt mir nicht ein, ich fühle mich ein bisschen überrumpelt.

»Wir finden es ausgesprochen fair von dir, dass du unter Pseudonym an unserem Wettbewerb teilgenommen hast«, fährt die Programmleiterin fort. »Aber eins verstehe ich nicht: Warum möchtest du nicht, dass wir dich zu Hause anrufen? Wissen deine Eltern etwa immer noch nicht Bescheid, dass du unsere Erfolgsautorin Jette V. bist?«

Bei dem Stichwort rutscht mir sofort das Herz in die Hose –

oder um es in Zahlen auszudrücken: Mein Puls steigt auf rasante hundert Schläge pro Minute. Sich erschrecken hat dieselbe Auswirkung wie Sport!

»Ähm, na ja«, druckse ich herum, »irgendwann werde ich es ihnen vielleicht mal verraten.«

Hanne Schneider lacht herzlich. »Das darf doch nicht wahr sein. Du bist Bestsellerautorin und schämst dich dafür?«

Okay, das klingt jetzt **wirklich schräg**.

»Demnächst erscheint übrigens eine neue Auflage von *Alles, was Mädchen wissen sollten, bevor sie 13 werden*. Vielleicht wäre das ein geeigneter Anlass, um dich zu outen? Ich melde mich demnächst noch mal deswegen, wir haben ein paar Ideen für Ergänzungen.«

»Ähm, okay, cool«, erwidere ich verwirrt. Einerseits freue ich mich riesig über diese Neuigkeit, andererseits verursacht allein das Wort **outen** bei mir Schweißausbrüche.

»Wie auch immer«, erlöst sie mich, »ich wollte dir einfach nur von Herzen gratulieren und dir sagen, dass wir uns sehr auf dich freuen. Aber natürlich hättest du auch ohne diesen Wettbewerb jederzeit ein Praktikum bei uns machen können – du hättest nur fragen müssen.«

»Oh, toll«, antworte ich lahm und komme mir auf einmal ganz schön dämlich vor. So als hätte ich eine Bank überfallen, und die Polizei würde mir anschließend mitteilen, dass das gestohlene Geld ohnehin mir gehört.

Für den Rest des Weges bin ich wegen Frau Schneiders Frage ziemlich nachdenklich. Wenn ich so in mich hineinhorche und ganz ehrlich zu mir bin, muss ich zugeben, dass mich dieses Geheimnis ganz schön belastet. Seit fast drei Jahren schleppe ich es mit mir herum. Vielleicht wird es wirklich bald Zeit, Mum und Paps endlich die Wahrheit zu sagen?

Womöglich hat Hanne Schneider recht, und sie sind sogar stolz auf mich, wer weiß. Schließlich haben sie sich auch wie verrückt für mich gefreut, dass ich den Schreibwettbewerb gewonnen habe! Jedenfalls **nachdem** Jill die Sache mit dem Pseudonym und der falschen Adresse so geschickt erklärt hat …

Aber wie soll ich es bloß anstellen, ihnen alles über Jette V. zu erzählen? Etwa den Familienrat einberufen und ankündigen, dass ich mich outen will? Oder ihnen den Link zu meinem Blog schicken? Ein signiertes Exemplar meines Buches aufs Kopfkissen legen? Oder mir ein T-Shirt mit der Aufschrift *Ich bin Jette V.* drucken lassen?

»Mum, Paps, ich habe ein Buch darüber geschrieben, wie peinlich ihr manchmal seid, und es ein paar Tausend Mal verkauft. Macht euch um meinen Führerschein keine Sorgen, den zahle ich selber« – wäre das vielleicht eine angemessene Ansage?

Oder soll ich den Verlag bitten, meine Identität im Rahmen einer **Pressekonferenz** preiszugeben? Am besten während der Ferien, wenn ich ohnehin nicht daheim bin. Dann sähen Mum und Paps es in den Nachrichten und hätten sich schon einigermaßen beruhigt, bis ich zurückkäme. Aber wäre das nicht genauso feige wie meine Geheimniskrämerei?

Auf einmal bellt Burkhard los und wedelt fröhlich mit dem Schwanz. Hey, da vorne kommen Jacob und Prinzessin Leia!

Mein Herz beginnt zu hämmern. Im Nullkommanix steigt die Pulsfrequenz auf sportliche hundertfünfundvierzig Schläge pro Minute. Das müsste, wenn ich mich recht an Paps' Vortrag erinnere, der **optimale Trainingsbereich** für Mädchen meines Alters sein. Also ist alles bestens. Und mein Herzklopfen ist durchaus nicht ungewöhnlich, schließlich bin ich noch aufgewühlt von meinem Telefonat mit Frau Schneider und habe vor lauter Grübelei danach mein Lauftempo gesteigert. Sogar Burki hängt die Zunge raus.

Ich lasse ihn frei und beobachte, wie er mit wehenden Ohren auf Prinzessin Leia zustürmt. Die Mopsdame freut sich eindeutig, ihn zu sehen, und wedelt nun ihrerseits mit ihrer Ringelrute, was irgendwie witzig aussieht.

»Hey, Henriette, lange nicht gesehen«, begrüßt mich Jacob.

»Aber wir haben uns doch vorhin erst in der Schule gesehen«, erwidere ich leicht verwirrt.

Erst als Jacob breit grinst, merke ich, dass das ein Scherz war. Er strahlt mich an und sieht richtig nett aus mit seinen blonden Locken und seinen lustigen Sommersprossen …

In diesem Moment fängt meine Pulsuhr an, laut zu piepsen.

Mist! Was soll das denn jetzt?

Hektisch schaue ich aufs Display, das wild blinkt. Meine Herzfrequenz liegt bei unglaublichen hundertdreiundsiebzig Schlägen pro Minute, was beim Training bereits jenseits dessen wäre, was gesund ist. Wenn ich tatsächlich joggen würde, wäre es jetzt ratsam, das Tempo etwas zu drosseln. Da ich mich aber gerade keinen Millimeter bewege, ist das leider nicht möglich. Langsamer als Stillstand geht nun mal nicht.

»Ich glaub, bei dir piept's«, sagt Jacob und lächelt mich

spitzbübisch an, was nicht gerade dazu beträgt, dass sich mein Puls beruhigt. Im Gegenteil. **Hundertsiebenundachtzig!**

»Das ist ein, ähm, wissenschaftliches Experiment«, improvisiere ich, doch dummerweise wecke ich damit Jacobs Interesse erst so richtig.

»Zeig mal her«, fordert er und greift nach meiner Hand, um sich die Pulsuhr genauer anzusehen. Mir bricht der Schweiß aus. Die Herzfrequenz steigt auf hundertvierundneunzig. Das Gepiepe wird immer lauter und unerträglicher.

»Du hast ja Herzklopfen wie nach einem Marathonlauf«, stellt Jacob ungerührt fest. Meine Hand lässt er dabei übrigens nicht los. Ich bekomme einen trockenen Hals.

»Aber du trainierst doch gar nicht?«, wundert sich Jacob.

Was für ein Schnellmerker! Nein, ich trainiere nicht. Ich trainiere nie. Ich gönne meiner Pumpe nur mal ein bisschen Galopp, damit sie nicht einrostet.

»An deiner Stelle würde ich das Teil ausschalten, das nervt ja gewaltig«, schlägt er nun vor und deutet auf die Pulsuhr.

»Super Idee – nur leider habe ich keine Ahnung, wie das geht«, gebe ich kleinlaut zu. Hätte ich vorhin bloß besser zugehört, als Paps mir das dämliche Ding erklärt hat.

»Wie wäre es damit, auf **Off** zu drücken?«

Junge, Junge, heute breche ich aber wirklich sämtliche Peinlichkeitsrekorde … Jacob muss mich ja für hoffnungslos unterbelichtet halten.

Mit zittrigen Fingern schalte ich das Gerät aus. Das aktuelle Messergebnis beträgt zweihunderteins, und ich bin froh, dass mir weitere Informationen über meine übergeschnappten Organe erspart bleiben.

»Sorry, wenn ich dich irgendwie … aufgeregt habe«, meint Jacob und tut zerknirscht.

Macht er sich etwa über mich lustig? Nein, bestimmt nicht. Dazu ist er viel zu nett. Wer außer ihm würde sich wohl dafür **entschuldigen**, dass sich ein Mädchen in ihn verliebt hat?

Denn verdammt, ja, Oma Lydia und Jill hatten recht – das wird mir schlagartig klar. **Es hat mich erwischt.** Ich bin Hals über Kopf in Jacob verknallt. Und das Schlimme ist: Er weiß jetzt genau, wie es um mich steht. Wie megapeinlich …

Am liebsten würde ich weglaufen, mich im Bett verkriechen und darin liegen bleiben, bis die Schwärmerei von selbst vergeht. Das hat vor zweieinhalb Jahren ja schon mal geklappt, als ich mich innerhalb kürzester Zeit wieder von Jacob entliebt habe.

Damals hat er aber natürlich auch nichts von meiner Gefühlslage geahnt. Außerdem: Selbst wenn ich es wollte, könnte ich jetzt nicht weglaufen. Denn Jacob würde das verhindern. Aus irgendeinem Grund hält er immer noch meine linke Hand fest. Und jetzt greift er zusätzlich nach meiner anderen und legt sie auf seine Brust.

»Kannst du es fühlen?«, fragt er.

Erst weiß ich nicht genau, was er meint, aber dann verstehe ich es.

Mamma mia, in ihm drin scheint ja die reinste *Riverdance*-Show stattzufinden.

»Dein Puls?«, krächze ich.

Er nickt und lächelt auf seine unnachahmliche Art, die so was von süß ist, dass ich es kaum fassen kann, wie ich auch nur eine Sekunde denken konnte, **nicht** in ihn verliebt zu sein.

Auf einmal bin ich richtig glücklich, wieder verknallt zu sein. Und ich finde es auch gar nicht mehr peinlich, denn sein Puls ist mindestens so schnell wie meiner.

»Frequenz zweihundert, schätzungsweise«, sage ich.

»Und daran bist allein du schuld«, antwortet er und schaut mir tief in die Augen.

Alles ist so, wie ich es mir mit zwölf erträumt habe – damals, als ich für ihn geschwärmt und im Grunde seinetwegen mit dem Bloggen begonnen habe. Ja, wenn ich es mir genau überlege, fing alles damit an, dass Jacob so wahnsinnig nett war …

Und daran hat sich bis heute nichts geändert. Er ist höchstens noch ein bisschen netter geworden. Und er sieht noch besser aus. Außerdem küsst er vermutlich auch besser.

Wobei – wie er damals geküsst hat, kann ich ja nicht wissen, und ich werde es wohl auch nie erfahren. Jedenfalls nicht, solange Zeitmaschinen lediglich in Filmen existieren.

Aber wie er **heute** küsst, werde ich jetzt gleich herausfinden. Ja, ich denke, ich bin zu einem weiteren Selbstversuch bereit. Ganz ohne technische Unterstützung und meinetwegen auch ohne messbare Resultate. Schließlich ist heute Valentinstag, da dürfen selbst Nerds und Wissenschaftsjournalistinnen einfach mal vollkommen romantisch sein.

Schalte deinen Kopf aus, Henriette!, denke ich, während seine Lippen sich meinen nähern. Und dann denke ich gar nichts mehr … Nur noch eins:

Fünfzehn zu sein fühlt sich endlich wieder richtig gut an!

ENDE